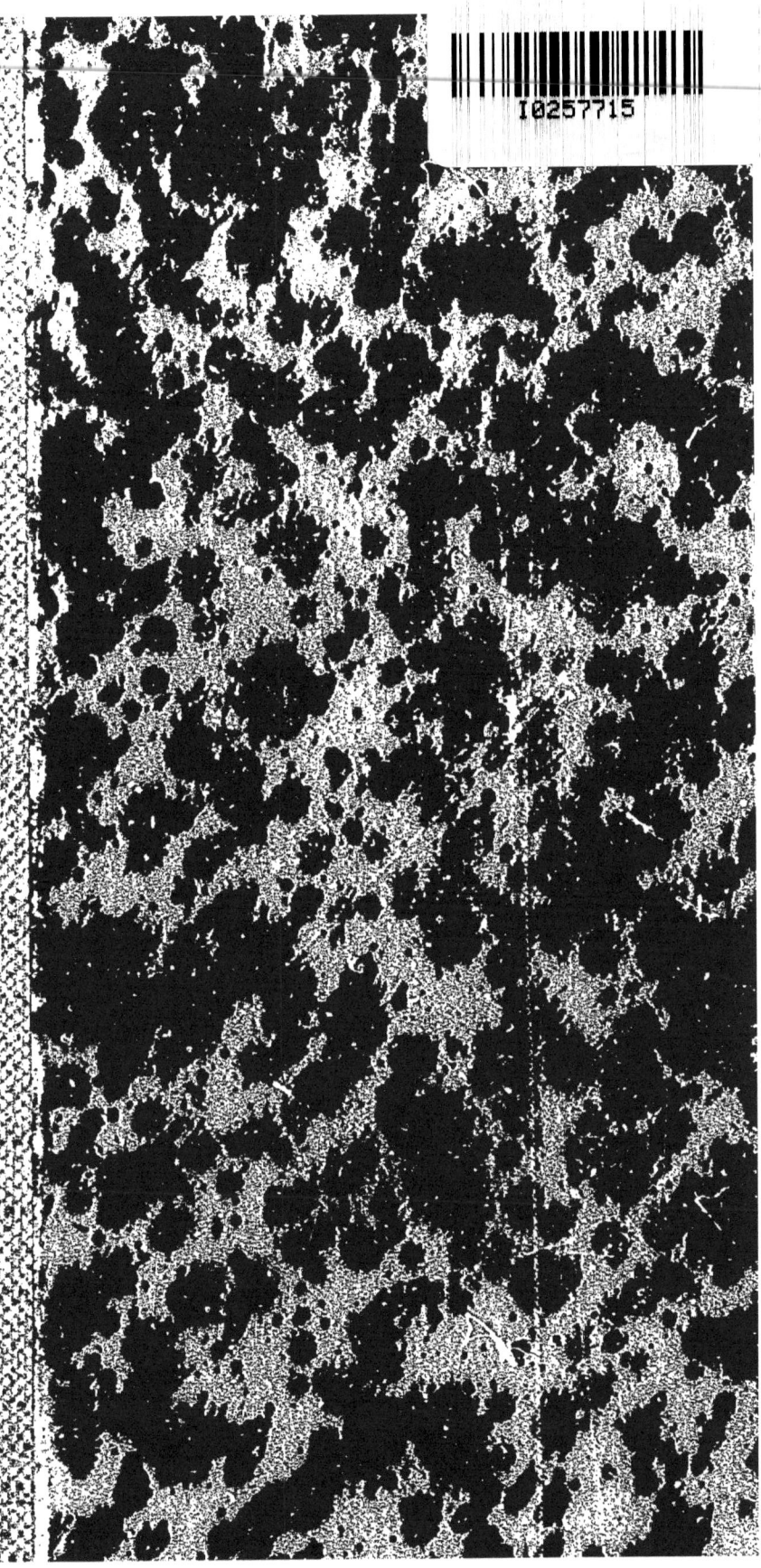

COLLECTION MICHEL LÉVY
— 1 franc le volume —
1 franc 25 centimes à l'étranger

# F. HUGONNET

# SOUVENIRS

## D'UN CHEF DE

# BUREAU ARABE

PARIS
MICHEL LÉVY FRÈRES, LIBRAIRES-ÉDITEURS
RUE VIVIENNE, 2 BIS

1858

COLLECTION MICHEL LÉVY

# SOUVENIRS

D'UN

# CHEF DE BUREAU ARABE

# SOUVENIRS

## D'UN CHEF DE

# BUREAU ARABE

PAR

## FERDINAND HUGONNET

ANCIEN CAPITAINE, CHEF D'UN BUREAU ARABE.

« Souviens-toi qu'une once d'honneur
» vaut mieux qu'un quintal d'or. »
(Dicton arabe.)

## PARIS

MICHEL LÉVY FRÈRES, LIBRAIRES-ÉDITEURS

RUE VIVIENNE, 2 *bis*.

1858

Reproduction et traduction réservées.

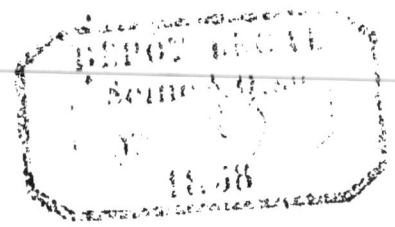

# AVANT-PROPOS

Je me suis surtout proposé dans les pages qui vont suivre, d'essayer de démontrer que le peuple indigène de l'Algérie, était très-peu connu de nous, et j'ai dû faire voir, en conséquence, que la plupart des opinions désavantageuses qui ont cours à son égard, provenaient, soit de notre antagonisme naturel, soit de ce qu'en présence de l'immense difficulté de notre tâche sur la terre africaine, les moyens employés n'ont pas toujours été les plus convenables, et n'ont pu, par suite, donner des résultats toujours excellents.

Je me suis efforcé de me tenir constamment en dehors de tout esprit de coterie, et de me montrer simplement observateur consciencieux.

F. H.

# SOUVENIRS

D'UN

# CHEF DE BUREAU ARABE

---

## CE QUE C'EST QU'UN BUREAU ARABE.

J'étais simple lieutenant lorsque je fus appelé aux fonctions de chef d'un bureau arabe sur une des frontières de notre Algérie, dans un cercle habité par des tribus montagnardes, remuantes et constamment en lutte avec les populations du pays voisin.

Je me donnai immédiatement pour but d'arriver à être maître de mes administrés, non-seulement par la force, mais aussi par la justice, la bonté, l'énergie, le désintéressement ; je résolus d'employer tout mon temps, toutes mes facultés, à devenir dans le pays le centre universel où toutes les passions, toutes les forces vinssent converger, pour recevoir de moi seul une direction. Il fallait, pour cela, me mettre au courant du langage grossier de ces montagnards, parler leur patois, puis leur donner publiquement, dans une occasion favorable, la preuve d'un courage incontestable, et enfin, dans les séances publiques que je me proposais de tenir, leur faire voir que je connaissais tous les détails de leurs mœurs, toutes les histoires où l'amour-propre de ces tribus était en jeu, tous les antécédents des principaux groupes de la population.

Au bout de quelques mois, j'avais à peu près réussi, et cinq ans après, lorsque je fus appelé à d'autres fonctions, j'étais assez maître de l'esprit de mes Arabes pour les amener à entreprendre des travaux industriels importants.

C'est en me rappelant ce séjour de cinq ans, que je transcris ici quelques épisodes qui feront mieux sentir que de simples théories ce qu'on peut obtenir des indigènes lorsqu'on veut se vouer tout entier à leur administration, en ne prenant jamais pour guide que des principes de loyauté et de désintéressement.

Et d'abord, il faut expliquer ce que c'est qu'un bureau arabe.

L'institution du bureau arabe n'est comparable à rien dans le passé, d'après ce que je connais, au moins, des diverses espèces d'administrations ou de pouvoirs qui ont eu action sur les peuples. On compare quelquefois le bureau arabe à l'autorité des pachas d'Orient; le bureau arabe a sur les musulmans un pouvoir plus étendu, puisque, en outre de tout ce que peut faire un pacha, il contrôle en Algérie tout ce qui touche à la religion musulmane, et cela avec bien plus d'indépendance que ne pourrait le faire un successeur des satrapes. Le bureau arabe a aussi dans ses attributions le soin de répondre à tous les besoins, à toutes les demandes, à toutes les tentatives d'initiative de la race conquérante sur le territoire conquis, et ceci seul est une besogne bien grande et souvent bien ingrate.

Le bureau arabe est le trait d'union entre la race européenne qui s'est implantée en Algérie depuis 1830, et l'indigène qui occupait antérieurement ce pays et l'occupe encore.

Dès les premiers pas que nous avons faits en Algérie, les généraux et chefs militaires isolés se sont sentis mal à l'aise dans une contrée dont ils ne connaissaient rien; c'est là une situation dont on ne tient pas assez compte.

Dans quelque coin de l'Europe qu'on soit appelé à combattre, il y a espoir pour notre état-major de trouver à l'avance des cartes, des livres, des renseignements expliquant le pays, tout au moins des voyageurs dont les récits peuvent éclairer. Lors de notre débarquement à Sidi-Ferruch, nous n'avions pas ces ressources; on fut fort embarrassé pour tout. Mais aussitôt commencèrent à se montrer quelques jeunes officiers qui s'étaient occupés d'apprendre un peu de langue arabe et de se mettre en rapport avec les indigènes; ce furent de simples essais de bureau arabe, car, dans le principe nos officiers ne pouvaient guère s'adresser qu'à de misérables juifs à l'affût de tous les gains, à des gens de bains, de cafés et autres établissements maures, tous citadins, n'ayant presque jamais été au dehors et ne pouvant nous être utiles dans nos projets sur le pays. Cependant ces premiers efforts furent appréciés; de beaux avancements en furent la récompense; aussi les premiers officiers chargés des affaires arabes eurent-ils des imitateurs (1).

Pendant longtemps les officiers chargés des affaires arabes eurent simplement à faire ce qui n'est maintenant

---

(1) Voici les noms de la plupart des plus anciens officiers des affaires arabes, tous arrivés au grade d'officier général, excepté M. Pélissier, consul général, et M. Ducrot, colonel dans la garde: MM. Lamoricière, Duvivier, Pélissier (le consul), Marey-Monge, d'Allonville, Bosquet, Daumas, Walsin Esterhazy, de Martimprey, Herbillon, Rivet, de Barral, Durrieu, Bourbaki, Bazaine, Deligny, Desvaux, Ducrot.

qu'une faible partie de leur tâche; il est vrai que c'est la plus brillante, et qu'à mesure que celle-ci va de plus en plus s'effaçant, ainsi que les chances de guerre, le recrutement des bureaux arabes militaires devient plus difficile: un service qui prend chaque jour un caractère plus administratif et civil, ne peut plus solliciter autant les jeunes ambitions de nos officiers.

Cette partie donc des affaires arabes qui faisait toute l'occupation de nos devanciers, consistait à renseigner les généraux sur le nombre, la qualité, la position de l'ennemi, sur les directions générales, les sentiers à suivre, sur l'état présumable des pays où l'on devait opérer, et enfin, si des partis hostiles, des chefs musulmans demandaient à faire des conventions provisoires, à préparer, discuter et conclure ces arrangements. Plus tard, lorsque nous eûmes des contingents indigènes à notre service, les officiers chargés des affaires arabes eurent, indépendamment des fonctions susdites, le commandement de ces contingents; ils jouirent de l'insigne faveur, bien que dans un grade relativement inférieur, de pouvoir, à la tête des goums arabes, tenter des coups de main trop risqués, des pointes trop aventureuses pour être confiés à des troupes françaises, que l'on aurait pu compromettre.

Un peu plus tard encore, ces officiers furent chargés de surveiller l'administration de nos chefs indigènes, lorsqu'il y en eut de réellement soumis à notre domination, et de préparer des commencements d'administration : impôts et corvées, domaines de l'Etat, statistique, documents divers, religion, justice, travaux de toute sorte.

Enfin, de nos jours, le bureau arabe, dont l'importance dans les affaires algériennes absorbe celle des commandants militaires eux-mêmes, le bureau arabe n'a pas d'existence officielle comme administration ayant des attributions et une responsabilité ; il est en principe, tout simplement, l'instrument des commandants de cercle, de subdivision et de division. Le territoire militaire de l'Algérie est partagé en trois divisions ou provinces, quatorze ou quinze subdivisions et quarante à quarante-cinq cercles ou annexes. L'unité administrative indigène est le cercle. Sur ce territoire militaire, ce sont les commandants supérieurs qui ont officiellement tous les pouvoirs, ce sont eux qui signent toutes les décisions, tous les rapports, soit avec les autorités supérieures, soit avec les administrations diverses. Seulement il est attribué à chacun de ces commandants un bureau arabe pour tout élaborer ; celui-ci est alors le délégué du commandant et le représente dans tout ce qui suit.

Le bureau arabe surveille la population indigène ; il se tient au courant de tout ce qui se passe chez elle ; contrôle l'administration des chefs arabes ; écoute journellement les plaintes qui peuvent être portées par les administrés. Si l'affaire est purement judiciaire, c'est-à-dire héritage, mariage, conventions écrites, elle est transmise au kadhi, qui juge d'après la loi musulmane, sous le contrôle du bureau arabe. Si l'affaire est un délit grave, un crime prévu par nos lois, et qu'elle paraisse suffisamment élucidée, elle est soumise aux conseils de guerre, et cela sur les documents établis au bureau arabe.

Pour tous les autres cas, et ils sont nombreux, le bureau arabe juge avec plein pouvoir, sans règle établie à l'avance, cherchant seulement, autant que possible, à mettre d'accord les coutumes du pays et l'esprit, relativement meilleur, de nos lois. Les peines prononcées sont : la prison, l'amende, les dommages-intérêts, les restitutions ou frais, qui peuvent beaucoup varier ; car il ne faudrait pas, sous ce rapport, comparer les habitudes des Arabes aux nôtres. Une fois que l'indigène a à sa disposition, pour régler ses petits démêlés, un chef en qui il a confiance, il lui soumet presque toute son existence.

Le bureau arabe propose la nomination et la destitution des divers chefs ou employés indigènes. Il surveille la conduite et l'administration des kadhis (juges musulmans) et de leurs assesseurs ; il exerce une surveillance active sur les marchés arabes ; il assure la sécurité des routes, la tranquillité du pays arabe en général.

A la guerre, il commande les forces indigènes auxiliaires, prescrit les transports par corvées, et fait tout ce que nous avons expliqué avoir été la mission primitive des bureaux arabes.

Enfin il doit pousser la race indigène dans la voie du progrès et de la civilisation. Voilà son rôle vis-à-vis des indigènes.

En présence de la race conquérante, voici ce qu'il a à faire:

Il exécute les ordres du commandant supérieur, et lui communique tous les documents demandés de divers côtés.

Aux tribunaux militaires ou civils il fournit des renseignements relatifs aux crimes ou aux criminels; il fait rechercher et arrêter les coupables; il réunit les preuves des crimes, les pièces de conviction.

Relativement aux services financiers, il établit seul les rôles d'impôt, recherche la matière imposable, demande les augmentations, diminutions ou exemptions, établit toutes les pièces à ce sujet; puis, quand vient l'époque du payement, c'est encore lui qui ordonne aux chefs indigènes de recueillir l'impôt, qui veille à ce que les sommes soient complètes, les papiers en règle, les formalités remplies, et qui adresse le tout au trésor. Il assure de même le payement des amendes et régularise les papiers qui les concernent.

Aux services forestiers, il donne tous les renseignements sur les forêts, au fur et à mesure que le pays est convenablement exploré. Il prend des mesures pour rendre possibles les tournées des agents forestiers et leur existence au milieu du pays arabe, lorsqu'ils y sont à demeure fixe.

De même avec le domaine : renseignements divers, dénonciation au domaine de ce qui doit appartenir à l'État, location de biens domaniaux.

Pour les travaux publics, le bureau arabe, le premier, propose les travaux à faire en territoire arabe ; il prescrit les corvées, les transports indigènes, et les fait exécuter ; il fait percevoir, d'après les ordres du commandant supérieur, les cotisations volontaires, ou dites volontaires.

Au point de vue de la colonisation, il étudie toutes les demandes de concession, fait des rapports à l'appui de ces demandes, veille aux relations des colons déjà installés avec les indigènes, écoute les plaintes réciproques.

Enfin, toutes les fois qu'il y a une action à exercer sur les indigènes, c'est le bureau arabe qui est tout d'abord saisi ; toutes les fois qu'ils ont à se manifester d'une manière quelconque, courses, fêtes, etc., c'est le bureau arabe qui les informe, les dirige, les commande et pourvoit à tout.

Je croyais avoir fini avec le rôle du bureau arabe, et j'ai omis la religion et l'instruction publique; le bureau arabe les surveille également.

Dans les tribus, il n'y a pas de personnages officiels chargés de ces fonctions; mais le bureau arabe ne doit pas perdre de vue les religieux autour desquels se réunissent volontairement les fidèles, ni les tolba de dernière classe, ou maîtres d'écoles, qui donnent aux enfants un enseignement tout à fait primaire.

On voit ce que c'est que le bureau arabe; eh bien! ce qui prouve la docilité du peuple indigène, la facilité avec laquelle il se laisse administrer, c'est que, dans un cercle ordinaire, il suffit au bureau arabe, pour fonctionner convenablement, de:

Un bon chef de bureau et un adjoint,

Un kadhi et ses assesseurs,

Un secrétaire français,

Un secrétaire indigène,

Un chaouch (huissier ou garçon de bureau),

Et quelques cavaliers pour agir au dehors, porter des ordres, etc.

Je reviens à mon bureau arabe.

J'avais pour tout local une vaste salle, que je me gardai

de faire diviser, comme beaucoup d'autres l'auraient sans doute fait, en antichambre, bureau de secrétaires, bureau public ne pouvant contenir que quelques individus, cabinet particulier, le tout disposé au point de vue du confortable de nos administrations. J'étais trop heureux d'avoir cette grande salle pour mes projets; je la gardai ainsi, et je commençai par faire connaître que, du matin au soir, les jours où je serais au chef-lieu du cercle, je recevrais tous les indigènes qui se présenteraient.

Je les faisais entrer tant qu'il en pouvait tenir; ils s'accroupissaient à terre, serrés les uns contre les autres, et c'est quelquefois en présence d'une centaine de spectateurs que je jugeais les affaires qui se présentaient, au grand étonnement de mes camarades de l'armée, qui avaient peine à comprendre comment je me résignais à rester ainsi dans une atmosphère fétide, en présence de gens couverts, pour la plupart, de la plus hideuse vermine.

Il est bon de dire, au préalable, quelques mots de mes administrés.

Mon cercle avait une petite partie de plaine, dont les habitants se rapprochaient du type indigène, plus généralement connu, qui avoisine nos principales villes algériennes. J'en parlerai peu.

Mais plus des trois quarts du cercle étaient occupés par

des tribus de montagnards dont le caractère a beaucoup d'affinité avec le type kabyle. Comme le Tell de l'Algérie contient beaucoup de montagnes, il est à croire qu'une bonne partie des habitants de l'Algérie cultivable, en laissant le petit Sahara en dehors, a de la ressemblance avec mes administrés.

Ils sont de taille moyenne, très-hâlés, plus bruns de peau, ce qui est étonnant pour des gens de montagne, que les habitants du sud de l'Algérie; ils ont la figure ouverte, franche; ils sont très-vifs, très-enclins à la colère et aux sentiments extrêmes; ils mentent, mais, peu habiles au mensonge, ils oublient vite ce qu'ils étaient convenus de dire, et se coupent facilement dans leurs explications, pour peu qu'ils soient animés; ils sont peu obséquieux, ont de grandes habitudes d'indépendance, qui ressortent dans leurs gestes et leurs expressions. Très-souvent en guerre avec leurs voisins, ils aiment les coups de main, les surprises, et je les ai vus, comme je le dirai plus tard, parfaitement conduire des attaques. D'ailleurs, nullement religieux, quoique se disant musulmans, peu portés au fanatisme de la religion, dont, du reste, ils ne connaissent point les pratiques.

Leur langue est l'arabe corrompu, au milieu duquel se sont introduites quelques expressions toutes locales.

Je dois signaler, comme caractère peut-être tout à fait

distinctif de ces tribus, qu'elles n'ont point pour nous cette sourde répulsion de parti pris que l'on remarque trop souvent sur d'autres points du territoire. Elles avaient bien primitivement de la répugnance pour nos coutumes ; elles ne pouvaient voir avec plaisir notre rôle de dominateurs ; mais ces sentiments tombèrent vite après les premiers rapports que nous eûmes avec elles.

Je crois que ces tribus sont originairement de race arabe pure, et qu'un long séjour dans les montagnes, une indépendance séculaire, les ont modifiées. Comme nous allons d'abord parler de justice, et que nous connaissons le caractère général de nos justiciables, je dirai qu'entre autres précautions, je laissais toujours l'accusé parler, vociférer tant qu'il voulait ; je l'y excitais même, et je l'amenais ainsi à dire lui-même tout ce qui, aux yeux de tous, devait le faire reconnaître comme coupable lorsqu'il l'était. Alors, honteux lui-même devant l'improbation générale, l'accusé se retirait, ne pouvant se plaindre du jugement rendu.

J'en veux d'abord citer deux exemples qui sont encore bien présents à ma mémoire et qui, s'étant passés devant de très-nombreuses réunions, ont eu du retentissement.

# LIVRE PREMIER

## MOEURS

### I

#### Affaires de justice. — Anecdotes diverses.

Des gens des Beni-Mara étaient venus se plaindre d'un vol de nuit commis à leur préjudice ; les traces des bêtes, quatre ou cinq chevaux ou mulets, conduisaient à la montagne des Trad, encore insoumis. Un homme du douar des plaignants, sorti de nuit pour affaire amoureuse, prétendait avoir vu filer les bêtes et avoir reconnu parmi les voleurs un autre homme des Beni-Mara, Mohammed. Il y eut de suite de fortes présomptions contre celui-ci ; il avait des cousins à la montagne des Trad, il pouvait très-bien s'être entendu avec eux pour faire voler ses voisins. D'autre part, Mohammed faisait prouver qu'il était, le soir susdit, dans sa tente, qu'il y était aussi le lendemain matin : il pouvait bien s'être levé pendant la nuit, avoir facilité le coup, reconduit quelque temps les voleurs, et être rentré ; mais comment le convaincre ?

Tout d'abord il prétend que l'accusateur est un de ses ennemis personnels. Quant à lui, Mohammed, il est homme d'âge et sa barbe grisonne, il est au-dessus de tout soupçon :

« Justice de Dieu !... ô prophète ! s'écrie-t-il, suffira-t-il qu'un jouvenceau vienne accuser un homme comme moi pour qu'on me croie coupable ? Il n'y a donc plus de justice ? Où sont-ils les serviteurs de Dieu ? On me parle de mes cousins de la montagne ; je suis brouillé avec eux depuis plus de dix ans ; ils m'ont mangé une dot, je ne les ai pas vus depuis ; ce sont des enfants du péché, il n'y a rien de commun entre nous. Faut-il pas que je sois responsable de leurs méfaits, moi qui, tout le premier, voudrais leur arracher la langue ? Si on me prouve que je les ai visités depuis dix ans, je paye les bêtes volées, une amende et plus encore. »

Je réfléchis quelque temps. Je sais que cette montagne des Trad est fertile en blé, et que des gens du cercle y ont des relations avouables pour s'approvisionner ; je compte là-dessus pour arriver à mes fins. — Je dis à l'accusé qu'en effet il n'y a pas de preuves contre lui, mais qu'on l'a dénoncé, et qu'il faut bien que j'écoute toutes les plaintes ; que je vois bien, du reste, à qui j'ai affaire.

— « Un homme comme toi, lui dis-je, chef d'une tente considérable, qui voit déjà les fils de ses petits-fils, un serviteur du prophète, un homme de bien, dont l'hospitalité est connue, dont le cœur est large et la main ouverte, ne peut se compromettre avec des coureurs de nuit. »

Mohammed est dupe de ma tactique, et semblable à ses coreligionnaires, qui croient toujours être plus fins que nous, il n'hésite pas à me complimenter à son tour, et à me suivre dans mes raisonnements.

Après mainte et mainte phrase échangée : « Tu sais, lui dis-je, que je tiens beaucoup à connaître le pays ; tu es un des hommes qu'il me faut pour m'instruire à ce sujet, » et là-dessus mille choses sur les anciennes guerres de la tribu, son territoire, ses impôts, ses marchés, les personnages qui ont marqué, les voyageurs, les pèlerins, les marabouts. Mon discours dure une demi-heure ou plus.

Inutile d'ajouter que, depuis l'abandon apparent de l'affaire, j'ai fait approcher l'accusé, j'ai changé de ton avec lui, je parais tout à fait convaincu que j'ai affaire à un homme recommandable. Quand je le vois suffisamment animé, je lui dis très-vite et de manière à entraîner une réponse également vive :

— « Et quand la récolte est mauvaise, comme l'an dernier, où t'approvisionnes-tu ? — Je vais chez les cousins des Trad ; il n'y a pas un mois que j'y suis allé. » Là-dessus on se figure l'impression générale. — Ah ! bo, bo, bo, bo (1) ! murmure l'assistance. Mohammed est tout confus, il regarde comme une grâce d'être emmené dehors, et ne peut se plaindre du jugement rendu contre lui.

Je veux citer un second exemple semblable.

On avait encore dérobé quelques bêtes à un petit douar de cinq à six tentes ; les voleurs présumés étaient des gens d'une tribu étrangère voisine ; les complices soupçonnés, trois jeunes frères, assez mauvais sujets, les seuls habitants du douar jugés capables de ce méfait. Les bêtes avaient été prises au pâturage, à la tombée de la nuit. Vaines recherches… seulement les traces menaient près

---

(1) Syllabe par laquelle les Arabes manifestent un grand étonnement ou leur admiration en présence d'un résultat tout à fait inattendu et dépassant leurs prévisions.

de là à une petite fontaine, autour de laquelle se trouvaient beaucoup d'écorces de pastèques et de nombreux vestiges de pas d'hommes.

Un peu avant le moment présumé du vol, des témoins qui avaient passé par là n'avaient vu ni débris de pastèques, ni traces de plusieurs hommes. Un peu après, au contraire, les victimes du vol trouvent à la fontaine les restes de pastèques, les traces d'hommes et de bêtes, celles-ci se rapportant parfaitement aux animaux enlevés.

En calculant le temps qu'il faut pour dépecer et manger plusieurs pastèques, et en le comparant à l'intervalle qui s'est écoulé entre le moment où il n'y avait encore pas d'écorce à la fontaine, et le moment où l'on constata leur présence, je fus certain que les mangeurs de pastèques étaient les voleurs eux-mêmes, et, comme ils ne pouvaient les avoir apportées de chez eux, c'étaient les affidés du voisinage qui les avaient fournies.

Gardant tout cela par devers moi, je fais comparaître les trois jeunes gens, Ali, Moussa et Messaoud. Je leur reproche leur méfait, ils nient; j'insiste, j'invective, je cherche à les exciter le plus possible.

« Vous êtes des lâches de voler en cachette, au lieu de faire la guerre à l'ennemi; il faut que tout cela cesse! Vous avez déjà volé, et pas une seule fois encore vous n'avez paru un jour de poudre ; vous êtes des fatma, des frères de juifs ! »

Quand l'animation est suffisante.

— « Et toi Messaoud, qui a porté les pastèques ?

— Ce n'est pas moi, reprend vivement Messaoud, c'est Ali et Moussa qui les ont por... »

Il n'a pas achevé qu'il veut se reprendre, mais il est trop tard. Le jugement est rendu, et tout le monde approuve.

J'arrive à un fait pour le récit duquel il faudrait une plume plus habile que la mienne.

Un homme des Sassi avait promis sa fille, Yamina, dès sa naissance, au fils d'un de ses amis de la tribu des Askar. Lorsque la fille eut de onze à douze ans, le futur, jeune homme de vingt-cinq ans, Bel-Gassem, cavalier du bureau arabe, beau gaillard, d'une figure mâle et sévère, réclama sa fiancée.

Le père de Yamina prévint sa fille ; mais celle-ci protesta, jeta les hauts cris et ne voulut pas se laisser conduire chez son promis.

De là, grande affaire ; Bel-Gassem et tout son parti prétendirent qu'il y aurait insulte pour la tribu des Askar, si une fille des Sassi refusait d'accomplir la promesse de son père envers Bel-Gassem, surtout lorsque la cause de ce délit était, d'après les bruits courants, un simple petit berger des Sassi, Ahmed, pour lequel la jeune fille s'était prise d'une belle passion.

Le père ne pouvant se décider à violenter sa fille, soumit l'affaire au bureau arabe, et, à un jour désigné, j'eus devant moi tous les intéressés. Bel-Gassem, appuyé des siens, commence ainsi :

— « Monseigneur, je suis un de tes serviteurs ; tu me connais, tu sais si je suis un homme de peu, un homme qu'on peut insulter impunément. Or, voici une fille des Sassi qui m'a été promise, et qui aujourd'hui refuse ma main ; si c'était il y a quelques années, moi et mes amis nous aurions enlevé de force ma future au milieu de son douar ; nous aurions sauvegardé notre honneur. Nous sommes des créatures à barbe. Les Askar n'ont jamais enduré un affront, ce n'est pas toi qui voudras nous noircir la face aux yeux des musulmans. »

Au moment où Bel-Gassem a parlé d'enlèvement, un jeune homme des Sassi, de la famille de Yamina, a poussé une exclamation ; il s'avance vivement, à son tour il s'écrie :

— « Enlever une fille au milieu de notre douar !... N'y a-t-il donc plus d'hommes chez les Sassi ? Pour qui nous prenez-vous, ô Askar ? Et quand donc les Sassi ont-ils vu pareille chose ? Sommes-nous les marchands de légumes de la ville voisine ? Nous attendons la décision de la justice; mais ce ne sont pas les Askar qui nous couperont le nez (infliger un affront), plutôt mille morts. »

La chose était ardue; habituellement ces difficultés sont réglées par la justice musulmane du kadhi, mais dans ce cercle il n'y avait pas encore de kadhi installé. Depuis plusieurs siècles, ces tribus réglaient elles-mêmes leurs affaires en présence des notables; depuis quelques années seulement elles commençaient à venir chercher la décision du bureau arabe.

Je fis retirer tous les intéressés, excepté Yamina; là était toute la difficulté, il fallait obtenir le consentement de cette petite fille.

Yamina s'approcha. C'était la plus charmante enfant qu'il fût possible d'imaginer; petite et très-mince même pour son âge, elle avait toutes les grâces de la gazelle effarouchée; une figure d'un ovale très-pur, un son de voix plein de charme, et, sans forfanterie, comme sans fausse honte, elle répondait aux objections par des pensées si naturelles, si poétiquement exprimées, si bien senties, que je ne pouvais m'empêcher d'admirer la puissance providentielle qui, dans un milieu si grossier, si sauvage, faisait naître et grandir une créature si exceptionnelle.

Je fis aussitôt appeler le commandant supérieur et

d'autres officiers, et ce fut en leur présence qu'elle nous répondit des phrases dont voici le sens :

— Voyons, ma fille, sois raisonnable; vois les conséquences de ton refus; tu sais bien que ton père t'a fiancée.

— Pourquoi l'a-t-il fait? il n'en avait pas le droit; ce n'est pas lui qui est à marier, c'est moi. Pourquoi a-t-il parlé pour moi?

— Mais c'est l'habitude chez vous; et maintenant voilà deux tribus qui veulent se battre.

— Est-ce ma faute, à moi? Pourquoi les grands du pays s'occupent-ils de moi, moi si petite, qui ne leur demande rien.

— Mais enfin ton fiancé est un de nos meilleurs et de nos plus beaux cavaliers; sa tente est bien considérée.

— Je ne l'aime pas; j'aime mieux Ahmed, le petit berger; je suis petite, il est petit; nous sommes faits l'un pour l'autre; c'est Dieu qui nous a réunis; nous sommes si heureux ensemble!

— Tu seras heureuse chez Bel-Gassem; tu y auras peu de travail; il a d'autres femmes et une mère qui s'occupent de la tente.

— Oh! sa mère, j'en ai peur; elle a de grands poils noirs sur les bras. J'aime mieux mon petit Ahmed tout seul; nous vivrons bien ensemble, sans l'aide de personne. Pourquoi donc faire souffrir ainsi des créatures du bon Dieu? Toi qui es puissant, ne peux-tu faire le bien?

— Je ne veux pas laisser mettre le désordre dans le pays à cause de toi. Veux-tu épouser Bel-Gassem?

— Non, non, monseigneur; pardonne-moi, mais je ne le veux pas! je ne le veux pas!

— Eh bien! tu vas aller dans une prison que j'ai fait préparer pour toi.

— Oui, j'aime mieux la prison; enferme-moi avec le petit Ahmed; nous serons heureux si nous sommes ensemble.

On l'enferma seule quelques heures, mais elle ne changea pas de résolution.

J'arrivai cependant à un compromis qui fut agréé par tous les partis : il fut convenu que Bel-Gassem recevrait publiquement sa fiancée à un jour fixé, qu'il l'épouserait et divorcerait presque aussitôt après, laissant Yamina libre d'écouter son cœur.

Je placerai ici un souvenir drôlatique, qui peint l'aplomb des malfaiteurs arabes, pris même en flagrant délit, à l'instar de nos habitués de la police correctionnelle.

Je vois arriver, un beau jour, le nommé Kaddour, du douar de Tain, amenant avec lui de nombreux témoins, et le jeune Ali, déjà mal famé près du bureau arabe. Kaddour dit :

« — Monseigneur, hier, à la tombée de la nuit, j'allai chercher ma vache attachée près du douar; je ne la trouvai pas, mais je vis ses traces encore fraîches ; je les suivis et j'arrivai au douar de Houta au moment où Ali, que voici, y entrait conduisant ma vache. J'ai appelé, et tous les témoins que voici m'ont vu reprendre ma vache des mains d'Ali que je t'amène.

— Le cas est bien simple; qu'en dis-tu, Ali? Tout cela est-il vrai?

— Oui, monseigneur.

— De mieux en mieux; tu avoues; ainsi, en prison !

— Comment ! Mais je suis innocent.

— Ah çà, te moques-tu de moi? Tu viens d'avouer...

— Quoi? Ce qu'a dit Kaddour est vrai, mais je suis innocent.

— C'est un peu fort !

— Veux-tu m'écouter? Tu vas voir.

— Parle.

— Hier, j'étais allé au douar de mon beau-frère; tout le monde te le dira; veux-tu des témoins ?

— C'est bien ; je t'accorde cela; continue.

— En revenant de ce douar, la nuit commençait à venir; je passai près du douar de Tain ; je vis une grosse corde sur un buisson ; nous aimons beaucoup les cordes; nous nous en servons pour entraver les chevaux; nous

nous en servons pour... Veux-tu te renseigner? Tout le monde te dira que nous utilisons beaucoup les cordes.

— Oui, oui, passe; il y a même un usage de la corde que tu ne connais pas, et qui te serait bien dû; continue.

— Donc, voyant cette corde, je la prends à la main, et je continue mon chemin sans me retourner, me pressant un peu, car la nuit tombait. Arrivé près de ma tente, je me retourne; que vois-je! une vache attachée à la corde que je traînais. Et Kaddour qui m'appelle voleur! O infamie! un homme comme moi! »

Il me revient un autre souvenir, la contre-partie de l'épisode de la petite Yamina, un exemple d'une dégradation morale aussi prononcée que possible.

Une femme enceinte se présente : c'est Mouna, femme complétement mûre, sale, les traits rudes, la voix rauque. Elle n'a de féminin que sa grossesse. Elle est entre deux hommes; l'un, Ben-Tahan, est le mari avec lequel elle a divorcé, il y a quelques mois; l'autre, Bou-Nif, est le mari qu'elle a pris récemment.

Ben-Tahan est aussi un homme mûr, d'apparence vigoureuse, très-sale; physionomie brutale et grossière.

Bou-Nif est plus jeune et un peu moins repoussant; mais le trio est d'un aspect répugnant.

Mouna frappe sur sa rotondité :

« — Ceci est à mon nouveau mari, Bou-Nif! »

Ben-Tahan vivement : — « C'est ce que je ne veux pas permettre ; cet enfant est à moi, c'est mon bien, il a été conçu quand tu étais encore ma femme.

— C'est ce qui sera à vérifier plus tard, dis-je ; certainement si l'enfant a été conçu pendant que Mouna était encore la femme de Ben-Tahan, celui-ci sera le père.

— A quoi bon, réplique Mouna, tous ces calculs ? les femmes en savent plus long sous ce rapport que les hommes ; cet enfant est à Bou-Nif. »

J'avais aussitôt pensé à attendre la naissance de l'enfant, et à appliquer le jugement célèbre d'un ancien kadhi, qui, dans un cas pareil, s'était fait apporter un peu du sang de l'enfant, et une égale quantité du sang des deux pères réclamants, et, après un examen plus ou moins sérieux de ces divers échantillons de sang, avait indiqué quel était le père véritable. Mais Ben-Tahan, après avoir entendu tranquillement le cynique aveu de sa femme, reprend avec animation :

— « Tout cela est superflu ; ma femme est mon champ, tout ce qui pousse sur mon champ est à moi ; ma femme a produit cet enfant quand elle était à moi ; cet enfant est mon bien. »

Ainsi ce misérable ne dispute pas la paternité réelle ; il ne voit là qu'une question de propriété ; la femme étant sienne, le produit de celle-ci doit être à lui.

Scandalisé de cet exemple d'immoralité, je fis de violents reproches aux coupables, et je les prévins que je ferais prendre des renseignements pour préciser le jour du divorce, et qu'au moment de la naissance de l'enfant je ferais le calcul. Je me réservais en moi-même, si l'époque du divorce ne pouvait être suffisamment précisée, d'arriver à une décision qui favoriserait Bou-Nif. L'enfant à venir me semblant devoir être moins malheureux avec celui-ci qu'avec Ben-Tahan.

Je n'entendis plus parler de cet incident, et je crois que l'enfant vint au monde mort-né.

C'est ici le cas de placer une croyance arabe qui rend parfois de grands services aux femmes dont le mari a fait une longue absence et trouve, en rentrant, un enfant nouveau-né :

Les Arabes croient que l'enfant, dans le sein de sa mère, peut tomber tout à coup dans l'engourdissement et rester dans le *statu quo*, sans croître ni dépérir, et puis, un beau jour, se réveiller et continuer son mouvement de croissance. On va jusqu'à croire que l'engourdissement peut ainsi durer plusieurs années. Les Arabes disent : L'enfant dort, a dormi pendant tant de temps. On peut voir, d'un seul coup d'œil, le rôle utile d'une semblable croyance. J'ai vainement tenté, quelquefois, de combattre ce préjugé ; mais on me citait tant d'exemples !

Les Beni-Mzab qui, ainsi que nos Savoyards, vont travailler plusieurs années au dehors pour ramasser un petit pécule et rentrer dans leurs foyers, sont tellement pénétrés de la croyance susdite, et en ont sans doute tellement besoin, que les Arabes eux-mêmes ont fait sur eux ce dicton : « Quand un Mzabi quitte son pays, il laisse à sa femme une chemise et un pantalon qu'il a portés, et lui dit : « Quand, dans ta couche solitaire, mon image se
» présentera à toi, si tu mets ma chemise, tu conce-
» vras une fille; si tu revêts mon pantalon, tu auras un
» garçon. »

J'avais grande attention de n'arriver à formuler un jugement que lorsque l'accusé était à peu près convaincu de son délit, en présence de l'assemblée, et lorsque la condamnation pouvait être considérée comme émanant de la bouche de tous, même de celle du coupable.

Dans les affaires longues, embrouillées, et que je ne puis citer ici, tous mes considérants, toutes mes conclusions ne mettaient en évidence que les principes bien nets de la plus stricte équité. Jamais rien de caché, jamais de décision que l'on pût attribuer à un autre mobile qu'à un sentiment de justice; et toujours avec le plus de publicité possible. Ces points, sur lesquels j'insiste, sont généralement négligés; on se contente trop souvent de faire connaître aux indigènes des volontés, et rien de plus.

Aussi j'arrivai vite à une notoriété des plus honorables, et les témoignages de sympathie dont je fus entouré aussitôt me convainquirent que je répondais au besoin le plus pressant du peuple indigène.

Je ne réussissais cependant pas toujours à éclairer mes plaignants et à leur faire partager ma conviction ; je vais en citer un exemple qui servira, en même temps, à faire comprendre l'habitude qu'ont les Arabes de vouloir tout soumettre à l'appréciation d'un juge, lorsqu'ils en ont un qui a su gagner leur confiance.

Messaoud, père de famille, chef d'une bonne tente avantageusement connu déjà au bureau arabe, se présente, un jour, devant moi, en séance publique, et me dit :

— « Monseigneur, il y a quelque temps, Bou-Keurche, un de mes amis que tu connais, m'a invité à sa noce ; j'y suis allé, et, après la fête, j'ai donné quatre douros aux musiciens. Or, il y a quelques jours, j'ai invité Bou-Keurche à ma noce, à moi; car j'ai pris une nouvelle femme. Bou-Keurche est venu, mais il n'a donné qu'un douro, aux musiciens.

— Eh bien !... que veux-tu que j'y fasse ?

— Comment ? est-ce que tu ne penses pas que Bou-

Keurche s'est mal conduit envers moi? Est-ce qu'il n'est pas au moins aussi riche que moi? Que lui manque-t-il? N'est-il pas juste qu'il donne comme j'ai donné? N'est-ce pas, au contraire, un affront qu'il m'a fait?

— Je suis de ton avis, mais ce sont là des choses dans lesquelles la justice ne peut intervenir; tu as donné volontairement tes quatre douros, il n'en est résulté aucune convention entre toi et Bou-Keurche; la justice ne peut poursuivre ce dernier.

— Hélas! il n'y a plus de justice, ô Dieu!... ô prophète!... Je vois que tu ne veux pas me faire droit; tu dis que Bou-Keurche a mal agi, et toi, notre chef suprême, tu ne peux pas le punir, le forcer au moins à faire pour ma noce ce que j'ai fait pour la sienne!

— Non, tu peux dire que Bou-Keurche est un homme impoli, un avare, tu peux rompre toutes tes relations avec lui; mais, je te le répète, ce n'est pas là une affaire que la justice puisse régler. Réfléchis un peu, et tu seras convaincu comme moi.

— C'est bien, je vois que tu ne veux pas me donner la justice que tu donnes à tous; j'en suis peiné, je me retire. »

Et voilà un plaignant qui s'en va mécontent, persuadé qu'il a trouvé le chef mal disposé pour lui, ne voulant pas faire droit à une juste réclamation.

Heureusement ces cas étaient très-rares, et j'arrivai peu à peu à une autorité morale considérable.

Certes, j'ai rendu beaucoup de services à ces tribus; comme on le verra plus tard, j'ai empêché des collisions près d'éclater, et qui auraient ensanglanté le pays; j'ai dirigé des combats, des razzias, dont quelques-unes ont été très-avantageuses à ces populations. Au point de vue politique, je leur ai aussi été très-utile, et cela en écoutant tout simplement un peu ma conscience; c'est-à-dire qu'en présence de forces françaises considérables qui ne demandaient qu'à frapper, j'aurais pu présenter mes administrés sous un mauvais jour, et entraîner des événements qui pouvaient servir mes intérêts et mon avenir; mais, comme, selon moi, mes gens ne devaient pas être châtiés, je me regardais comme obligé de l'affirmer. Or il paraît que les Arabes sont si peu habitués à cette façon consciencieuse de régler leurs affaires, qu'ils en furent très-étonnés, et m'en surent gré.

L'énumération de ces services est établie dans ce but seul, de faire ressortir que de tout cet ensemble, c'est ma manière de rendre la justice qui me paraît avoir le plus séduit les esprits, avoir apporté dans le pays le plus de véritables consolations, le plus de satisfactions intimes.

J'en conclus que c'est là le rôle principal, important,

du bureau arabe : rendre bonne et prompte justice à tous, en tout lieu.

Dans quelques cercles, on considère, au contraire, cette fonction comme accessoire ; on en charge même un agent nouveau et secondaire ; c'est un malheur, car alors, dans les affaires un peu graves, le chef, sollicité de divers côtés, et n'ayant pas l'habitude d'élucider suffisamment les questions, se contente de prendre l'avis de quelqu'un de son entourage ; le pli se prend, et dès-lors, l'autorité morale est perdue.

Il m'est arrivé quelquefois, lorsque ma réputation de bon justicier fut bien établie, de voir, à la fin de mes séances, et la salle évacuée, un retardataire se retirer lentement après avoir été présent pendant tout le cours des débats, et n'être cependant intervenu dans aucun. Un jour, le retardataire était le vieux Ben-Ali.

— « O vieillard, lui dis-je, qu'es-tu venu faire ? Je t'ai vu dans le coin là-bas toute la journée, et tu n'étais intéressé dans aucune affaire.

— Pardonne-moi, mon seigneur ; j'ai été malade pendant quelque temps ; il y avait déjà quelques mois que je ne t'avais vu, et je suis venu voir ta figure ; j'ai rassasié mon œil et mon cœur ; je t'ai vu délier les serrements des cœurs, dégager les contractions des âmes des musulmans (j'ai cherché à traduire les expressions arabes), et maintenant je retourne dans ma tente ; je vais dire aux enfants ce que mes yeux ont vu, ce que mes oreilles ont entendu. »

Et tout cela prononcé avec un visage épanoui, exprimant si franchement la satisfaction, qu'il n'était pas possible d'y voir un sentiment simulé, qui, du reste, dans ce cas, n'aurait été motivé par aucun intérêt.

Mais voici un fait plus concluant encore :

Sur les derniers temps de mon séjour dans le cercle dont je parle, je me rendis en visiteur, sans insignes, sans escorte militaire, sans chefs indigènes, et seulement accompagné de deux cavaliers du pays, à la montagne des Trad, en dehors de notre frontière, dans une contrée insoumise. Mon but était d'y visiter des eaux thermales sulfureuses qu'on disait abondantes et curieuses à voir. Je savais qu'accompagné de mes deux Trad seulement, et en me présentant en simple voyageur, je pouvais espérer de parcourir sans danger la montagne d'où sortent les eaux en question.

A proximité des sources, on voyait les restes d'un ermitage où se conservait le souvenir d'un saint homme qui aurait autrefois habité ces lieux et opéré des miracles. Je me rendis d'abord à ce petit établissement religieux ; je trouvai un enclos fait de murs en pierres sèches, et au milieu une habitation moitié tente, moitié hutte de branchages, où se trouvait un individu, gardien du saint lieu.

Au dehors, près de là, on apercevait un douar de cultivateurs. Je fis mon compliment au gardien, lui annonçai le but de mon excursion, et le priai d'accepter une vache que j'allais faire acheter dans les environs et mettre à sa disposition.

Je fus très-bien accueilli; on m'installa dans la hutte pour y passer la nuit, on mit même sur ma tête le drapeau du marabout, sous la protection inviolable duquel j'étais ainsi placé, et je m'endormis tranquillement.

Le lendemain matin, après avoir visité les merveilles de l'enclos, qui consistaient en trois figuiers que la tradition assurait être venus là sans avoir été ni semés, ni plantés; l'un, à l'endroit où le marabout avait l'habitude de prier, le second, à la place qu'il affectionnait pour dormir, et le troisième, enfin, là où il fut enterré, j'allai voir les sources.

Elles sortent de diverses parties de la montagne, de la base, de la région moyenne et du sommet; elles ont différents degrés de chaleur : tièdes sur un point, brûlantes sur un autre, elles jaillissent en grande abondance, traçant un canal dont les bords sont formés de dépôts de soufre. Le site environnant est couvert des essences forestières les plus variées; sur divers points on voit des pierres provenant de ruines, et rassemblées de ci de là, comme pour servir de stations au pieux ermite. Le pays est si fourré, si accidenté, j'eus si peu de temps à moi pour reconnaître les alentours, que je ne pus trouver l'emplacement sur lequel devait avoir été bâti, au temps des Romains, l'établissement thermal dont je voyais les débris épars.

Après avoir consacré quelques heures à une excursion des plus agréables, je fus fort étonné lorsqu'on vint m'avertir qu'un jeune homme des environs demandait à me parler. Je me fis amener cet individu, qui s'assit auprès de moi, après m'avoir salué très-respectueusement; les gens qui m'accompagnaient s'accroupirent à distance, de manière à voir sans entendre. Du reste, il était facile de constater que mon interlocuteur n'avait pas d'armes, et sa manière de se présenter n'annonçait aucune mauvaise intention.

— « O monseigneur, me dit-il d'un ton très-révérencieux, je sais que tu es cid X... (1); j'ai su ce matin que

---

(1) Cid, cidi (monseigneur). C'est le cas de faire remarquer que le surnom du héros espagnol, le Cid, ne serait que l'appellation dont les Maures, très-polis du reste, devaient saluer le chef chrétien à qui ils avaient affaire; il n'y a là rien qui veuille dire *vainqueur*, *grand guerrier*, etc., comme on le suppose, à moins que ce ne soit une corruption de *ceïd*, qui veut dire *lion*.

A propos de lion, j'éprouve le besoin de prévenir les poëtes qu'ils feront bien de renoncer à l'expression si connue, *lion du désert*. Le lion aime les pays ombreux, boisés, les fraîches cavernes, les belles eaux courantes, le gibier à chasser, et surtout les pays très-habités et bien approvisionnés de bestiaux, toutes choses rares dans le désert.

tu étais aux eaux, et je suis venu à toi; j'ai entendu parler de ta justice, on dit que tu fais la justice de Dieu, la justice du prophète; les musulmans font ton éloge; tu arranges les choses difficiles. Que Dieu te fasse triompher! C'est ta justice que je demande. Je voudrais bien que tu me réglasses une affaire : moi et mon associé, qui attend là près dans le bois, nous sommes en désaccord et sommes convenus de nous en rapporter à ton jugement, si tu veux nous écouter.

— Mais rien n'est plus facile, bien que je ne sois ici qu'en qualité de voyageur, je serais heureux de vous mettre d'accord.

— C'est que, répliqua mon jeune homme, c'est bien difficile à t'expliquer... Vois-tu, il y a des choses que tu ne sais pas... ceux qui font le mal ne le font pas toujours volontairement... Dieu seul verra le fond de nos cœurs... Combien de choses poussent les hommes!... il y a des af-

Le lion se trouve, il est vrai, sous des latitudes tropicales, mais point dans les déserts. Que l'on suive, du reste, les chasses de Jules Gérard, notre tueur de lions, on se convaincra de ce qui précède en voyant la description des lieux que fréquente le roi fauve.

Je profite de l'occasion pour relever une erreur impatientante : dans toutes les relations de l'expédition d'Égypte, il est dit que le général Bonaparte avait produit tant d'effet sur les musulmans, que ceux-ci l'appelaient *sultan kebir*, maître du feu. — Je ne nie pas l'effet, mais je nie la signification de *sultan kebir*, mot à mot *chef grand*, c'est-à-dire *chef principal*; c'est notre expression de commandant en chef. — Il n'y a pas d'officier de bureau arabe qui, lorsqu'il commande un contingent quelconque en pays arabe, ne soit traité de *sultan kebir*. Il n'est nul besoin, pour cela d'avoir gagné la bataille des Pyramides.

faires d'amour-propre... je suis de tes tribus... j'ai quitté ma famille et mon pays par suite de discussions avec mes voisins, dans lesquelles mon amour-propre a souffert... le diable a fait le reste ; que Dieu le maudisse, le pervers !

Je commençais à comprendre que j'avais à faire à un malfaiteur ; cependant ses manières étaient très-réservées, son ton très-respectueux ; il continua, en me regardant humilié et craintif :

— Pardonne-moi, reprit-il, mais je ne sais si tu voudras m'écouter.

— Mais oui, parle ; tu ne m'as pas encore dit de quoi il s'agit.

— O Dieu ! soutiens-moi,... c'est à propos de bœufs,... moi et mon associé nous sommes en dispute,... et il peut arriver un malheur entre nous,... ce sont des bœufs que nous avons enlevés,... et pour le partage...

— Oh ! oh ! tu es bien hardi ! ne veux-tu pas que je règle des vols comme des héritages ? La justice n'est pas faite au bénéfice des voleurs ; qu'ils se tuent entre eux, c'est tout avantage pour le monde. En voilà assez, lève-toi et va-t'en ?

Il se retirait fort triste, et il me sembla que cet homme pourrait revenir au bien.

— Ne peux-tu donc, lui dis-je, changer de vie ?

— Je changerais volontiers, pardonne-moi, seigneur ;

mais à quelles conditions pourrais-je rentrer dans le pays? Je t'assure que je suis fatigué de mon genre de vie, et très-désireux de m'amender.

— Je veux bien t'y aider. Il faut que toutes les victimes de tes vols soient indemnisées par toi ou ta famille; puis tu seras mis en otage dans le douar d'un caïd, et, si tu t'y conduis bien, je pourrai renoncer aux poursuites que je serais en droit d'exercer contre toi.

Il est bon d'ajouter, pour expliquer ceci, que tous les vols qui avaient lieu étaient inscrits au bureau arabe, avec tous les détails, et que presque toujours nous arrivions à savoir quels étaient les voleurs. En cas de prise d'un de ces brigands, il était facile de lui établir une sorte de compte à régler par lui ou sa famille, indépendamment des autres corrections à intervenir.

Je n'ai pas appris depuis que ce jeune homme ait profité de la facilité que je lui donnais de rentrer dans la bonne voie. Les familles volées ne purent sans doute être suffisamment désintéressées; car je suis certain que le malfaiteur avait le plus vif désir de renoncer à son dangereux métier.

Les choses les plus délicates m'étaient journellement soumises. Certes, je n'étais pas infaillible, mais la pureté de mes intentions ne faisait pas, dans tout le pays, le sujet du moindre doute; et cela me donnait une grande facilité pour l'accomplissement de bien des projets.

Il ne faut pas oublier cependant que, tout en apportant dans les affaires courantes beaucoup de douceur et de patience, je ne laissais pas de montrer de l'énergie pour les cas qui me paraissaient le nécessiter. J'ai remarqué que, chez ce peuple, c'était à ma manière de faire un correctif nécessaire mais suffisant.

J'avais cependant, dans ce cas, le soin de prévenir à l'avance de quelle manière j'étais décidé à punir certains faits; et ceci avait une très-grande importance à mes yeux : on le comprendra facilement, si l'on veut se souvenir qu'à côté de nous, en pays arabe, jusqu'aujourd'hui, il existe certains désordres, certaines façons d'administrer de la part des indigènes, qui, à nos yeux, constituent de graves délits. Or il serait, je crois, peu habile à un chef nouveau de faire tout à coup saisir et punir certains individus qui, en raison d'un long et tranquille exercice de leur autorité abusive, pourraient se croire pris traîtreusement. Ces procédés, du reste, auraient l'inconvénient de remettre tout en question, de perpétuer les traditions de pur arbitraire des chefs orientaux, de replonger les indigènes dans une atmosphère de violence et d'imprévu, dont je cherchais, au contraire, à les faire sortir, en leur posant des règles, des indications propres à les éclairer, à leur montrer une voie droite et sûre.

## II

Les Marabouts. — Excursions dans les tribus. — Causeries arabes.

Si j'ai réussi à me faire comprendre dans les lignes précédentes, le lecteur doit être convaincu que pour savoir rendre la justice aux indigènes, il faut surtout faire preuve de bon sens, de grande patience, de douceur, d'énergie et enfin de beaucoup de probité.

Ce peuple aime la condescendance de la part de ses chefs ; quand il trouve un accès facile auprès des hommes qui ont pour eux la force et l'autorité, quand il en reçoit surtout un bon accueil, il ne tarde pas à concevoir une grande affection, et il montrerait, au besoin, un insigne dévouement pour ces dépositaires du pouvoir. Certes, les musulmans de l'Algérie, comme la plupart de leurs coreligionnaires, ont un grand respect pour la force brutale ; ils sont tout disposés à voir, comme on l'a souvent répété, dans tout chef qui commande de nombreuses troupes et remporte de brillants succès, un agent de la volonté divine devant lequel on doit plier. Aussi, en Algérie et même en France, on aime à raconter l'effet de Croquemitaine produit sur les indigènes par certains pachas ou généraux qui se sont le plus prononcés pour les mesures extra-violentes. Je ne nie pas la puissance de cette impression ; j'ai quelquefois moi-même senti la nécessité de faire des exemples qui paraîtraient barbares en France, mais il ne faut pas s'exagérer l'importance de ces rôles et de ces exemples. Je le répète, peu de Français ont autant que moi vécu de la vie arabe de tribu (les gens de la ville ont peu de rapports avec les habitants du dehors, il ne faut pas l'oublier); très-peu se sont montrés aussi sympathiques aux indigènes pour étudier d'une manière constante leurs besoins, leurs aptitudes; très-peu, en un mot, se sont suffisamment mis sous le burnous arabe pour observer tous les mouvements du cœur et de l'esprit chez ces peuplades intéressantes.

C'est donc en toute connaissance de cause que j'affirme ceci: le peuple arabe est tout disposé à se livrer sans restriction, et les événements historiques le prouvent en partie, à celui qui, maître déjà de l'autorité politique et de la force matérielle, saura témoigner sympathie et affection aux masses; au chef qui, par lui-même et par ses agents, se rendra accessible et compatissant aux plus misérables et aux plus déshérités. Les oppresseurs violents inspirent aux Arabes la terreur et même le respect, mais c'est tout. Ceux qui remuent réellement ce peuple dans tous les sentiments qui partent du cœur, ceux qui parlent à son imagination, ceux qui entraînent de ces résolutions grandioses qui doivent modifier profondément toute une nation, ceux qui tiennent en main l'avenir de cette race, ce sont ces hommes que nous qualifions du nom général de marabouts, et que les indigènes nomment plus habituellement les *hommes de bien*. Je ne parle pas ici de ces instigateurs religieux, faux chérifs, ambitieux de toute espèce, qui, au nom de la religion, réussissent, de temps à autre, à produire le désordre; et encore, parmi ces individus, ceux qui tiennent le plus longtemps sont ceux qui se rapprochent le plus du caractère général que j'ai indiqué comme nécessaire à quiconque veut tenir une grande place chez les indigènes. Les perturbateurs religieux, comme les oppresseurs violents, ne produisent que des effets partiels assez restreints; mais il existe de distance en distance, sur notre territoire algérien, des hommes de bien, véritables musulmans, comme on dit, uniquement occupés de charité, de justice, et qui sont les vrais directeurs des consciences.

Il ne faut pas croire que les hommes en question arrivent à la notoriété par des jongleries, des miracles et autres farces dont se servent les turbulents agitateurs; la plupart des indigènes ne sont pas aussi stupides sous ce rapport qu'on veut bien le croire en France. Non, l'homme de bien n'est reconnu pour tel, et consulté par les populations, que lorsqu'il a donné de nombreuses preuves de bon sens, d'équité, d'abnégation, de religion, et surtout d'un grand détachement des choses de ce monde au point de vue des intérêts privés; ainsi, on lui donne beaucoup, mais il faut qu'il répande d'une main ce qu'il reçoit de l'autre, sous peine d'être bientôt délaissé; il faut qu'il ait le don de consoler les affligés, d'apaiser les haines, les mouvements de colère; il faut qu'il soit habile à concilier des intérêts opposés; il faut qu'il ramène doucement et par la conviction aux sentiments religieux; alors seulement notre personnage devient le chef spirituel des quelques tribus qui l'environnent, et, si sa réputation est très-grande, on vient quelquefois de très-loin pour le consulter.

Ces titres à la confiance publique ne sont pas, comme beaucoup le croient, héréditaires; voici la vérité: à la mort d'un de ces saints personnages, la dépouille du défunt est précieusement ensevelie à un endroit connu où les fidèles vont prier; les enfants du mort sont naturellement les gardiens de la tombe de leur père, et s'ils ont, en outre, toutes les qualités de celui-ci, ils conservent la confiance des croyants; mais si, ce qui arrive habituellement, les fils ne réunissent pas toutes les conditions nécessaires à ce rôle difficile, les aspirations des masses se dirigent ailleurs, jusqu'à ce que, plus tard, un descendant mieux doué du saint homme ramène encore à lui les fidèles, ou que les traditions de sainteté et de capacité soient tout à fait perdues dans la famille.

Je sais bien que le rôle de ces hommes est singulièrement facilité par une complète indépendance vis-à-vis de leurs clients, et par l'absence de toute action pénible et forcée à exercer sur le peuple qu'ils éclairent et consolent. Ils n'ont à pourvoir à aucune exigence d'ordre, de police, de finances, de progrès; et c'est ainsi que quelques-uns d'entre eux, qui avaient été désignés à nos généraux pour occuper des emplois, ont refusé toute espèce de fonction administrative. Mais il n'en est pas moins vrai que nous, les conquérants pleins de prétentions, qui pensons avoir tout à enseigner aux vaincus, il est de notre intérêt d'avoir, sous ce rapport, à nous modeler un peu sur les hommes que je viens d'essayer de dépeindre. Nous avons tout à gagner à joindre à notre caractère de dominateur victorieux celui de l'homme de bien.

Lorsque j'étais dans les tribus, je tenais aussi des séances, mais en plein air, sous un grand arbre, au sommet d'une éminence. Assis sur un morceau de tapis, je faisais placer sur la pente du terrain, et de manière à les dominer tous, mes administrés, qui, du reste, avaient pris le plus grand goût à ces réunions; ils formaient, accroupis à terre, des demi-cercles concentriques, et, en leur présence, toutes les affaires de la tribu étaient successivement passées en revue. J'aimais mieux ces séances que celles du bureau arabe, parce qu'elles avaient un caractère moins exclusivement judiciaire. Après avoir expédié les plaintes diverses, je mettais en discussion toutes les questions intéressant la tribu, récoltes, marchés, impôts, guerre avec les voisins, etc. Tous pouvaient prendre la parole, mais en général, dans chaque tribu, il n'y avait que cinq ou six individus qui entretinssent le débat; les autres se contentaient d'écouter, mais avec bonheur; c'était avec grande peine que ceux que l'on venait quelquefois chercher pour diverses occupations du douar, quittaient l'assemblée.

Je dirigeais ces petits débats en y jetant le plus de lumière que je pouvais, et je me rappelle encore avec plaisir combien ces réunions étaient d'un bon effet pour le pays. Une fraction de tribu que je n'avais pas visitée depuis longtemps éprouvait-elle quelque malaise, je n'avais qu'à me transporter chez elle, et qu'à lui consacrer un ou deux jours; bien des causes d'irritation cessaient, bien des germes de dissension disparaissaient.

A propos de ces réunions, je me rappelle un ennuyeux personnage dont je me débarrassai en le couvrant de ridicule. Moustapha-Ben-Ali était borgne; il avait une grande figure triste, un son de voix assommant, et une manière de parler sans s'arrêter, fatigante pour son auditoire; il avait déjà fortement indisposé son monde, et, au milieu d'une séance, il avait pris la parole pour ne plus la quitter. Je fis signe à tous d'écouter patiemment, et nous nous résignâmes. Quand il eut fini son discours, toute l'assistance mécontente attendait ce que j'allais dire à mon tour.

« O Moustapha, dis-je simplement, si Dieu ne t'a donné qu'un œil, il t'a bien donné deux langues. »

Et aussitôt des *bo, bo, bo,* accompagnés de rire, éclatent de toute part; mon homme, surnommé de suite *l'homme aux deux langues (bou lessanin),* est obligé de se retirer tout confus. Plus tard j'eus occasion de le revoir; sa présence excitait toujours le rire dans l'assemblée de sa tribu. Il avait des affaires à me soumettre, mais auparavant il vint me prier en particulier de l'épargner, et de ne plus le livrer au ridicule.

Pendant ces tournées dans les tribus, quand venait la nuit, après mon repas du soir, je faisais faire un grand feu près de ma tente, je faisais préparer une grande quantité de café, et j'invitais tous les hommes un peu intelligents, les voyageurs du douar à passer la soirée avec mes cavaliers d'escorte.

Au bout de quelque temps, on connaissait mon habitude, et ces réunions se faisaient sans que je le demandasse; on y venait même de loin. Je feignais parfois d'avoir une grande envie de dormir, je me couchais dans ma tente en donnant tous les signes du sommeil; mais, en réalité, j'écoutais les conversations. Elles étaient très-variées et intéressantes; il y avait des chansons, des contes, des récits de voyage, mais surtout des observations sur les tribus voisines, sur les Européens des villes, leurs ridicules, etc. Ces nuits de bivouac, alors que tous les bruits s'entendent si bien, sont un de mes plus agréables souvenirs.

Nul ne voudrait croire la finesse d'esprit, d'observation, le tact, l'habileté de narration de certains parleurs, tout à fait illettrés du reste. J'ai en mémoire un spahis, qui n'était pas de mon cercle, et qui, se trouvant par hasard dans le même douar que moi, amusa toute la nuit l'assemblée; et certes, j'étais un de ceux qui éprouvaient le plus de plaisir. Il contrefaisait, avec un véritable talent, la voix, les gestes, les expressions de chefs français et indigènes que je connaissais pour la plupart, les types de Maltais et de juifs bien connus.

C'est dans ces réunions que j'entendis quelquefois des

individus raconter à voix basse, après avoir cru s'assurer que je dormais réellement, des histoires de bureaux arabes voisins, des récits très-piquants d'affaires mal jugées, au dire des narrateurs. J'en faisais mon profit, et me promettais mentalement de ne jamais prononcer sans avoir une conviction et des renseignements suffisants.

J'ai présents divers faits racontés sur la grande tribu des Khiroum, comprise dans le territoire d'une puissance voisine de l'Algérie, mais indépendante par le fait, n'ayant pas de chefs reconnus, pas même de marabouts, ne payant aucun impôt, n'obéissant à personne. Mes gens qui eux-mêmes passaient pour grossiers et sauvages auprès des hommes de la plaine, se moquaient des Khiroum, comme de gens tout à fait arriérés. Ils les trouvaient sales, se moquaient de leur parler rude, et disaient qu'ils n'avaient aucune idée de religion ni de lois, quoique se déclarant musulmans.

— Les Khiroum sont par trop singuliers, entendis-je une fois; savez-vous ce qu'ils offrent à un hôte, lorsqu'il leur en arrive par hasard? Ils s'empressent d'aller chasser le sanglier, et c'est le cochon que ces musulmans donnent à leur hôte en guise de mouton; il est vrai qu'ils l'assaisonnent avec des glands de chêne.

— Je sais sur eux une histoire bien drôle, ajoute un des causeurs:

« Un saint personnage revenant de la Mecque, — que Dieu le bénisse! — de passage chez les Khiroum, demande l'hospitalité. Il est reçu dans une tente; et le soir, au moment de la prière, notre pieux musulman se met en devoir de réciter ses versets.

» C'était un homme qui avait une longue figure mince, et au menton une grande barbiche clair-semée. Le pèlerin était à moitié de sa prière, lorsqu'il voit le maître de la tente qui le regarde avec attendrissement et les larmes aux yeux.

— C'est la grâce de Dieu qui te touche, ô maître de l'habitation, je suis heureux que ma présence te ramène dans la voie du salut. Viens t'associer à mes prières, je vais te les apprendre.

— O saint homme, reprend le néophyte, continue, je t'en prie, reprends ta pose et ta prière. Tout à l'heure, en te voyant remuer le menton, j'ai cru voir mon grand bouc noir qu'on m'a volé il y a deux ans; il était si beau!... j'en suis tout ému. »

— Et moi, dit un autre, je vais vous parler d'Abd-er-Rebbi; qui ne connaît Abd-er-Rebbi, chez les Khiroum? C'est un homme considérable; il a dans sa main, à sa disposition, en trois générations de fils, petits-fils et arrière-petit-fils, cent vingt garçons, cent vingt fusils. Comme ce pays n'a aucune autorité, aucun chef, ni justice, on consulte quelquefois Abd-er-Rebbi, et cela a bien ses inconvénients, parce que, lorsqu'il a rendu un jugement, il tient à l'exécution, et il a cent vingt fusils ! C'est une colonne expéditionnaire que la famille de cet homme-là. Dernièrement un de mes camarades passait dans le douar d'Abd-er-Rebbi; il vit celui-ci fort occupé; on venait de lui soumettre une affaire épineuse : « Un jeune homme avait épousé une veuve enceinte; cette femme venait de mourir en couches. Le jeune homme voulait que la famille de la défunte rendît la dot, parce que, disait-il, la femme était morte des suites d'un fait provenant évidemment d'un autre mariage; par conséquent, lui, le veuf, ne pouvait en supporter les conséquences et perdre la dot qu'il avait donnée. (Il y a en effet, dans les lois musulmanes, des distinctions analogues.)

» Abd-er-Rebbi ne voulait pas entendre raison : — Tant pis pour toi, disait-il au jeune homme, tu perdras ta dot, tu n'as rien à réclamer. Voyons, par exemple, tu achètes un fusil; libre à toi de bien l'examiner; il est chargé; quelque temps après, tu veux essayer ton fusil, il te crève dans les mains parce qu'il est trop chargé; est-ce que tu réclames le prix de ton fusil? Allons, tais-toi, tu n'auras pas ta dot; va-t-en, ne viens plus nous casser la tête de ton affaire. — Et le vieil Abd-er-Rebbi, plein de colère, repoussait le plaignant.

« Encore une sur les Khiroum; elle date d'une quarantaine d'années; quelques vieillards se rappellent encore les faits suivants:

» Un jeune cavalier accompagné de plusieurs serviteurs, se réfugia chez eux. Il était bien mis, de figure distinguée, lui et les siens parfaitement montés en chevaux et harnais. Ce jeune homme se disait de famille de sultan; persécuté par le bey voisin, il venait se mettre sous la protection des Khiroum, et il cherchait à les entraîner à sa suite, pour renverser le bey régnant.

— Vous formerez alors, disait-il, ma garde privilégiée; vous serez mes fils chéris, vous aurez des jardins embaumés, de bonnes habitations, de jolies filles; Khiroum! croyez-moi de grands bonheurs vous sont assurés... Les prédications du jeune homme avaient à peu près réussi, lorsque dans une marche, je ne sais par quel accident, il montra son pied à nu sur l'étrier. Un vieux montagnard qui l'accompagnait, appuyé sur un bâton, remarque ce pied; il le trouve gros, hâlé, doublé d'une épaisse corne, et marqué d'un tatouage.

— Oh! oh! dit-il, c'est un pied comme les nôtres, ça; ce n'est pas le pied d'un enfant de race royale... impossible!... Nous avons affaire à un imposteur, à un intrigant... A bas!... à mort!... Et en quelques instants le jeune ambitieux et ses serviteurs furent tués et dépouillés. Les vieux Khiroum se vantent encore de cette équipée. Fiez-vous donc à des têtes de bois de ce genre. »

Ce dernier fait me rappelle une particularité : les Arabes ont une corne si épaisse sous le pied, que je les ai vus quelquefois le matin, au moment de quitter le bivouac, venir à nos feux pour se chauffer et mettre le pied nu à plat sur les charbons. Lorsque la corne grille, que la fumée commence à monter, c'est que l'Arabe est près de sentir la chaleur; il change alors de pied.

Je sais cependant un fait bien honorable pour les Khiroum, et que je vais relater ici; on y verra un certain air de ressemblance avec ce que les Kabyles de la grande Kabylie appellent l'*anaya* (voir l'ouvrage de M. le général Daumas).

Mon chaouch, un vieux Turc, avait l'habitude, deux fois par an, et depuis plus de dix ans, d'aller faire ses provisions de cousscouss, fruits secs, tabac, etc., dans une petite ville étrangère située sur le territoire de la puissance limitrophe de mon cercle. Il longeait dans cette excursion le pays des Khiroum, et n'avait jamais éprouvé d'accidents jusqu'au moment de cette historiette. Cette fois-ci donc, il revenait de la ville susdite, monté sur un mulet et faisant conduire devant lui, en main, un autre mulet chargé de ses provisions. A la hauteur du pays des Khiroum, il tomba dans une embuscade de malfaiteurs; on s'empara de ses mulets, et lui-même saisi, garrotté, dépouillé, allait être conduit dans les montagnes et peut-être tué, — car il était vieux et ne pouvait plus être employé utilement à aucun travail, — lorsqu'un homme venant d'un marché voisin, et apercevant ce qui se passe, saisit son fusil, se précipite au milieu du groupe qui entraînait le vieux Turc, et couvrant celui-ci de son arme : « Arrêtez! vous autres! s'écrie-t-il; par le péché de ma femme! je prends cet homme sous ma protection, et je m'oppose à ce qu'on le maltraite... Vous savez que les Ouled-Mia et moi ne faisons qu'un fusil... Je veux qu'on rende à mon ami tous ses effets, ses mulets, et je vais accompagner le tout jusqu'à la frontière! »

Les restitutions se firent à l'instant, et le vieux Turc était encore tout stupéfait, lorsque son libérateur lui dit : « Tu ne me reconnais pas, ô mon père! mon bienfaiteur! Il y a dix ans, tu m'as donné, ici près, une calotte de laine blanche : tu m'as lié par la reconnaissance, je ne pouvais t'oublier; je vais te mener jusqu'à ton pays. »

Mon chaouch se rappela alors avoir donné autrefois une de ces calottes de laine blanche qui se mettent par-dessous la calotte rouge, pour ménager celle-ci; cette calotte, donnée toute vieille et graisseuse, vaut, quand elle est neuve, de quatre à cinq sous.

Un homme qui se regarde assez lié par un aussi faible cadeau, pour risquer sa vie et la tranquillité de toute sa fraction de tribu, au bénéfice de son prétendu bienfaiteur, n'est-ce pas là un fait digne d'être signalé à l'éloge de ce peuple?

Les Beni-Mara, dont j'ai déjà parlé, habitants de la plaine où les mœurs sont plus douces et plus paisibles, passent aux yeux des montagnards pour très-poltrons.

Voici ce que j'entendis, un jour, dire d'eux dans une des causeries que je rapporte:

— « Vous ne savez pas, dit un jeune guerrier de ces tribus de montagne qui sont toujours en guerre avec les Khiroum, les Trad et autres, vous ne savez pas combien sont peureux les Beni-Mara. Une nuit j'étais *hospitalisé* dans un de leurs douars, où j'avais porté un ordre du bureau arabe, et voici ce qui se passa: Au milieu de la nuit, les chiens ayant sans doute été attirés sur un autre point (1), nous entendîmes rôder autour des bœufs du maître de la tente. — « O mon Dieu! dit à voix basse un

---

(1) C'est ainsi que font les voleurs: pendant qu'une partie d'entre eux commet le vol, une autre partie attire au loin, par des appâts de viande crue, les nombreux chiens qui d'habitude entourent les tentes arabes.

des jeunes gens de la tente, ce sont les Trad qui enlèvent nos bœufs...» Aussitôt je me dressai sur mon séant, et j'offris mes services... « Taisez-vous, par grâce, dit le chef de la famille, faisons semblant de ne nous apercevoir de rien ; ces Trad sont si terribles : ils seraient capables de nous tuer... j'aime mieux perdre mes bœufs que la vie. Que personne ne bouge, cachons-nous plutôt sous les tapis. » Et les voleurs continuèrent tranquillement leur expédition. »

On peut se figurer comment les rires de l'assemblée accueillirent cette critique des Beni-Mara.

Dans ces causeries de nuit, il me revient d'avoir entendu un des assistants égayer son auditoire par une série d'observations on ne peut plus piquantes.

« Savez-vous, disait-il, quel est le sultan des roumi (chrétiens) ? Eh bien ! c'est la montre, c'est ce petit instrument que presque tous ont dans leur poche, qui les commande, les dirige. Qui de vous n'a vu, à la ville voisine, sur la fin du matin (vers dix heures), la plupart des officiers et employés du gouvernement se réunir sur la place ? L'ami trouve son ami ; on s'informe, on cause. Mais regardez les figures ; elles sont toutes plus ou moins inquiètes ; chacun tire sa montre et la regarde avec grande attention ; enfin celle-ci commande ; elle a fait connaître sa volonté, et vous voyez chacun se retirer.

Voilà des gens qui se trouvaient bien ensemble, qui avaient des choses agréables à se dire ; ils sont obligés de se séparer, la montre a commandé de manger ; car c'est à ce moment-là, m'a-t-on dit, que les roumi mangent, qu'ils aient ou non appétit. Vous les reverrez encore, quelques instants après, se rechercher, se réunir, et puis se séparer encore au commandement de la montre, et cela plusieurs fois par jour. Dans leurs maisons même, la montre est le bey qui donne tous les ordres ; c'est elle qui prescrit de se coucher, même sans sommeil, de se lever, même quand on veut dormir.

— » Je voudrais bien savoir, ajoute un mauvais plaisant, si les roumi embrassent aussi leurs femmes au commandement de la montre. »

J'ai omis de dire que ces réunions nocturnes auprès de ma tente, ces conversations bruyantes autour d'un bon feu, avaient aussi un but important : elles indiquaient aux voleurs de montagne, toujours à l'affût d'un coup à faire, d'un cheval à enlever, par exemple, — et il y a de bons chevaux dans les escortes des officiers de bureau arabe, — elles indiquaient à ces voleurs que mon petit camp était sur ses gardes, puisque la plupart des cavaliers étaient éveillés.

C'est dans ce but aussi que les chansons étaient quelquefois fort animées, chaque couplet se terminant par des coups de pistolet, des éclats de rire, des battements de main en cadence, dont les Arabes s'accompagnent souvent dans leurs chants.

## III

*Défauts des indigènes. — Inertie. — Fourberie. — Présomption religieuse. — Exactions des chefs.*

Il existe sur les populations indigènes de l'Algérie un ensemble d'opinions bien peu flatteuses. Des officiers ayant dirigé des affaires arabes ont eux-mêmes, par leurs publications, contribué à répandre ces idées, et il paraît difficile aujourd'hui d'amener les esprits à admettre que la société arabe n'est pas plus que toute autre l'expression de toutes les abominations imaginables, la réunion de toutes les immoralités connues.

Les officiers dont je parle n'ont pas assez senti, je crois, qu'ils devaient se dégager tout à fait de leurs préoccupations journalières pour pouvoir juger et parler sans être taxés d'exagération.

Sur un territoire grand quelquefois comme une ancienne province de France, et jamais plus petit qu'un département de nos jours, le bureau arabe est à peu près la seule autorité sérieuse qui reçoive les plaintes de tout genre ; de plus, la comparution devant le bureau arabe et l'instruction des affaires sont gratuites ; le temps n'est rien pour l'indigène et il le gaspille volontiers ; enfin, le musulman de l'Algérie n'a pas les mêmes idées que nous sur ce qui est réellement matière à contestation et à plainte ; au moindre froissement, il vient exposer ses griefs. Il est donc facile de comprendre que le bureau arabe soit journellement encombré. Il reçoit une quantité considérable de plaintes, et celui qui, dans ce milieu, veut peindre la physionomie arabe tombe facilement dans l'exagération.

Si, chez nous, dans notre France civilisée, tous les degrés de juridiction étaient supprimés ; si, pour y suppléer, il y avait dans chaque département une seule autorité chargée de tout entendre et de tout régler ; si, enfin, des circonstances analogues à celles que nous avons indiquées favorisaient la production des plaintes de toute sorte, quel ne serait pas l'embarras du fonctionnaire en question ? Et s'il voulait ensuite dépeindre notre état social, quel tableau alarmant n'en ferait-il pas!

Les Arabes de l'Algérie ont de grands défauts, rien de

plus vrai; mais ils ont aussi de belles qualités que nous pouvons leur envier. Examinons les défauts.

Ce qu'il faut reprocher aux indigènes, c'est leur paresse, leur répugnance à tous progrès dans le sens de notre civilisation, et leur esprit habituel de mensonge et de fourberie. Ces infirmités, toutefois, ne sont pas incurables. Il est bon de rappeler à ce sujet que les indigènes n'ont pas toujours été ce que nous les avons trouvés à notre débarquement à Sidi-Ferruch; ce que nous avons rencontré alors est le produit de trois cents ans de pillage et d'un arbitraire aussi stupide que barbare. De là l'inertie de l'Arabe du Tell; elle n'a pas toujours été le trait caractéristique de ce peuple, car, si l'on consulte les vieux livres, les manuscrits, les traditions qui existent, soit dans le pays, soit en Italie et en Espagne, on voit que, du onzième au seizième siècle, l'Algérie actuelle était partagée en plusieurs divisions politiques où régnaient de petits princes de race indigène, notamment à Tlemcen, Mostaganem, Tenès, Alger, Bougie, Médéah, Constantine.

Alors, cette contrée ne ressemblait en rien à celle que nous avons conquise; alors, les indigènes avaient de nombreuses cultures, des plantations variées; ils entretenaient des systèmes d'irrigation, et l'industrie était développée : il suffit de rappeler les cuirs, les soies, les tissus brodés, l'orfévrerie, les manuscrits, les essences, les produits du Soudan, les minerais de plomb, etc.; on soignait et améliorait les races animales. Les princes qui gouvernaient ces petits Etats faisaient élever des constructions d'une architecture élégante, dont les vestiges trop rares subsistent surtout dans l'Ouest; ils avaient généralement auprès d'eux des chrétiens d'Europe, des Francs, qui, traités avec distinction, contribuaient à faire adopter les idées d'amélioration qu'ils avaient apportées de leur patrie; ils s'entendaient surtout, dit la tradition, à la tenue des comptes et à l'organisation des services financiers. Aussi, la situation de ces contrées était-elle très-prospère; on peut le voir par ce qui reste des traités passés à cette époque entre les divers Etats africains des bords de la Méditerranée et d'autres peuples, tels que les Génois, les Pisans, les Livournins, les Napolitains, les Tabartins, etc.

A cet état de choses succède la tyrannie des pachas turcs, lesquels chassent les dynasties régnantes, sèment partout la discorde, s'aident des uns pour piller les autres, et enfin, par leur odieuse et facile exploitation, amènent forcément la situation que nous déplorons. Si l'on veut bien remarquer que, depuis quinze à vingt ans seulement, nous indiquons à ce peuple un ordre d'idées tout opposé à celui qu'il était habitué à supporter, on ne trouvera pas étonnant qu'il n'y ait pas encore eu chez lui un changement complet.

Nous croyons avoir beaucoup fait quand, par une circulaire, nous octroyons des primes d'encouragement pour certains produits ; et cependant combien l'indigène est loin d'être en mesure de comprendre ces procédés de notre part !

En voici un exemple :

Il n'y a pas plus de trois ans que des primes ayant été accordées aux indigènes pour les poulains et pouliches qui seraient reconnus les mériter, il fallut d'abord user d'autorité pour faire comparaître les candidats, sans quoi, il n'y aurait pas eu de concurrents, malgré toutes les lettres et publications possibles. Puis, lorsqu'après examen des animaux et leur inscription détaillée et régulière, on offrit les primes, il est arrivé, à ma connaissance, que dans une des principales villes de l'Algérie, les indigènes récompensés refusaient l'argent offert, répétant qu'ils ne voulaient pas vendre leurs bêtes : « Vous m'avez inscrit, disaient-ils, bien certainement mon cheval est au Beylik (l'État) et, un jour, il me le fera réclamer. » Toutes les explications possibles ont été données, et la résistance des individus a été vaincue ; mais je suis assuré que la plupart se disent encore : « Ce que j'ai vu là n'est pas possible : donner de l'argent et ne rien prendre en place n'est pas naturel; il y a quelque chose là-dessous; que Dieu nous soutienne! »

C'est cette difficulté, toujours la même sous diverses formes, qu'il faut vaincre par l'attention continuelle, le dévouement sans bornes de nos agents.

Ce qui précède, sur l'inertie de l'Arabe, entraîne, par une série de mêmes raisonnements, l'explication de son esprit de mensonge et de fourberie.

Il est si vrai que ce vice est le produit de la mauvaise administration des Turcs, que, dans les pays un peu accidentés et difficiles, où les pachas n'avaient aucune action (1), on retrouve le caractère franc et loyal de l'homme primitif. Tout le monde connaît, sous ce rapport, le type kabyle. Chez les populations montagnardes que j'ai administrées, et qui, du reste, n'étaient point soumises aux Turcs, j'ai constaté beaucoup de dispositions à la franchise, à la sincérité; il en est, je pense, à peu près ainsi dans presque toutes les montagnes du Tell, et c'est la majeure partie du territoire de l'Algérie cultivable.

A ce propos, je ferai remarquer que la dénomination

---

(1) Il est à noter que les Turcs, maîtres des villes et de quelques plaines, ne faisaient que des coups de main sur le reste du territoire, et ne possédaient réellement, après trois cents de violence, qu'une faible partie de la surface de l'Algérie. N'est-ce pas la plus éclatante condamnation de leur stupide pouvoir?

4.

d'Arabes, appliquée à tort par moi jusqu'à présent, par suite d'une mauvaise habitude, aux indigènes de l'Algérie, ne convient en réalité qu'aux gens du Sahara et à quelques tribus du Tell, qui représentent à peu près les descendants des conquérants venus de l'Arabie et sont plutôt nomades que cultivateurs. Le reste de la population, qui forme la très-grande majorité et où domine le sang berbère, sera divisé, dans la suite de mon récit, en *Telliens de plaine* et *Telliens de montagne*, et on se rappellera enfin que mes souvenirs concernent surtout les Telliens de montagne.

Que dire de la prétendue mauvaise foi dont on gratifie généralement les Telliens, en matière commerciale, par exemple ?

Pour mon compte, j'ai toujours observé dans leurs affaires de commerce entre eux une extrême bonne foi. Ce n'est pas dans leurs relations avec nos colons européens qu'il faut les juger; là, toutes les bases qui peuvent servir à une appréciation sont faussées. Avant de pouvoir se prononcer, il faudrait être à même d'établir de quelle manière ont commencé les rapports de commerce, quels ont été les premiers trompeurs, quels mauvais procédés en sont résultés réciproquement.

Rien de plus primitif, au contraire, que la bonne foi qui existe dans les relations commerciales entre indigènes; rien de plus notoire que la fidélité des dépositaires, la confiance rarement trompée des trafiquants les uns dans les autres. Ce que je me rappelle de plus fort en ce genre est la tranquillité d'esprit avec laquelle un certain marchand de bœufs attendait, depuis deux ou trois ans, une sorte d'associé auquel il avait confié pour cinq à six mille francs de bétail avec mission de le conduire et le vendre à Alger. Mon négociant n'avait aucune nouvelle de son fondé de pouvoirs, mais il n'en était pas inquiet; il aura, pensait-il, entrepris quelque longue opération au loin, mais je suis sûr de lui; si, du reste, il n'a pas paru à telle époque, j'irai dans tel pays, à tel marché, me renseigner; là, je saurai par ses amis ou sa famille ce qu'il sera devenu.

Dans les grandes entreprises commerciales qui ont pour terrain le Sahara, le Soudan, le Maroc, Tripoli, Tunis et nos oasis, une bonne foi complète est de première nécessité; sans cette garantie, le commerce ne pourrait se faire dans ces contrées où le règlement du moindre désaccord, devant une autorité, exigerait des déplacements de plusieurs mois et serait le plus souvent impossible, par la grande difficulté de réunir en temps utile les preuves et témoignages.

Mais le fanatisme religieux? Ah! là, il y a un obstacle plus réel. Sur le terrain de la religion le musulman est plus difficile à manier ; il est convaincu qu'il est l'enfant chéri de Dieu. De quelque manière que l'on aborde les questions religieuses, le mahométan se place de prime-abord à une distance incommensurable au-dessus de nous. Aussi la meilleure conduite à tenir consiste-t-elle dans l'indifférence la plus complète ; il ne faut ni aider ni gêner le musulman, au point de vue religieux. Ainsi, lorsque nous faisons élever des mosquées, lorsque nous favorisons, avec les navires de l'Etat, le pèlerinage de la Mecque, nous obligeons des ingrats. « Notre culte est d'essence si supérieure, disent-ils, la doctrine de notre seigneur Mohammed si sublime, que les chrétiens eux-mêmes ne peuvent s'empêcher de le reconnaître dans leur for intérieur, et qu'ils s'empressent de nous être agréables, pour se ménager la bienveillance du Prophète. »

Je crois que le plus sage est de s'abstenir de toute intervention dans le domaine de la religion, et de créer en d'autres matières le plus possible d'intérêts nouveaux. Déjà, du reste, il y a amélioration : ce fanatisme si révoltant lorsqu'il est excité, n'existe habituellement qu'à l'état latent. Nos Algériens tendent à se refroidir ; ils deviendront de plus en plus sourds à la voix des chérifs exaltés, lorsque ceux-ci n'auront pas à s'étayer de quelque cause d'agitation, étrangère d'abord à la religion, mais par laquelle ils arrivent habilement à créer des cas de conscience.

Parmi mes montagnards, je crois avoir dit que les sentiments religieux étaient très-froids; un très-petit nombre d'entre eux savaient les prières au delà du *Fatahh* (qui est le *Pater* des musulmans); la plupart ignoraient, et, par conséquent, n'observaient pas les principales prescriptions du culte.

Ainsi le Ramadan, ou jeûne, était très-mal observé; je me rappelle que, ayant fait une course à cette époque de l'année, je me vis un jour accompagné d'un bien plus grand nombre de cavaliers volontaires que de coutume. Je trouvai le fait inexplicable, et examinai vainement une à une toutes les causes auxquelles j'aurais pu attribuer cette affluence inusitée. Enfin, à une halte que je fis au milieu du jour, en pleine chaleur, je vis mon escorte absorber de nombreuses pastèques.

— Tiens, dis-je en souriant, je croyais que nous étions au Ramadan?

— C'est vrai, me répondit-on, mais il est écrit dans notre saint livre que toutes les fois que, pendant le Ramadan, nous nous mettrons en route pour le service de l'État, nous pourrons nous abstenir du jeûne.

Je ne me rappelle pas ce verset du Koran, que j'ai cependant beaucoup lu, mais, comme on le pense bien, j'approuvai le commentaire et le trouvai fort sage.

Je terminerai ces réflexions sur la religion en relatant une observation naïve, que j'ai entendu faire par des indigènes de la classe la plus infime, par des conducteurs de mulets, dans le convoi d'une colonne expéditionnaire. « Les Français, disaient-ils, sont légers, inconsidérés, et surtout ingrats envers Dieu : tant qu'ils sont dans la prospérité, ils ne prononcent jamais le nom de la Providence, ils ne la rappellent dans leurs propos que pour l'injurier ; mais qu'ils viennent à être blessés, à éprouver des souffrances, vous les entendrez alors dans les ambulances, marmotant sans cesse, d'un ton dolent : « Mon Dieu !... Mon Dieu !... » quitte à oublier encore le Créateur, une fois rétablis. »

Ce qu'il y a de réellement repoussant dans la société indigène, ce sont les abus d'autorité et les exactions des chefs. Dans les tribus montagnardes de mon cercle, les hommes, habitués d'ancienne date à l'indépendance individuelle, n'étaient pas disposés à se laisser malmener et piller par les détenteurs du pouvoir. L'autorité, du reste, était très-partagée, et le contrôle facile à exercer. Mais, sur d'autres parties du territoire algérien, j'ai eu connaissance d'abus extraordinaires.

Sur certains points, les chefs font argent de tout. L'autorité supérieure demande-t-elle une corvée de 200 bêtes de somme, le chef de la tribu en commande 300, et en relâche ensuite 100 moyennant une contribution.

Le chef est chargé de distribuer annuellement les terres de la tribu ; il le fait en donnant les meilleurs morceaux à ceux qui le paient le mieux.

On demande des cavaliers pour les goums, les courses : le chef s'adresse à un grand nombre, et finit par forcer à l'accompagner ceux qui ne peuvent rien donner.

Au printemps, il fait faire la récolte du beurre ; chaque tente donne une certaine quantité.

Puis ce sont les laines, les grains, les dattes, les olives, ou les fruits, selon le pays, le bois, etc.

Le chef fait des cadeaux, la tribu paie ; le chef fait bâtir, la tribu paie ; le chef reçoit des récompenses des Français, la tribu paie en signe de joie; au contraire, il est puni, la tribu paie en dédommagement; le chef voit des enfants lui naître, la tribu paie les réjouissances ; il perd des membres de sa famille, la tribu paie les larmes; le chef se met en route pour un long voyage, le pèlerinage, par exemple; la tribu paie le départ, elle paie encore le retour. C'est toujours le même refrain à toute espèce d'incidents, bons ou mauvais, qui se produisent dans l'existence du chef. Je ne parle pas des cas où le fonctionnaire musulman aurait à poursuivre un délit qu'il consent à cacher moyennant finance.

Ceci est un vice radical dans la société musulmane, mais il tient plus encore à la position qu'à l'individu.

Les chefs indigènes ont dans leur part régulière de l'impôt et dans leurs droits aux corvées, une assez belle rémunération; mais ils regardent ces avantages comme leur bien propre, et pour subvenir à leurs dépenses d'administration, c'est à des ressources exceptionnelles qu'ils ont recours. Ils ont besoin d'exercer une large hospitalité, il faut qu'ils aient de bons et beaux chevaux, de belles tentes. Il y a aussi le chapitre de l'espionnage, des émissaires, des fêtes de tribu, des noces, des funérailles. Pour tout cela on a reconnu qu'il fallait à certains chefs des ressources particulières; mais la pente est glissante, l'usage entraîne l'abus, et tel chef, par exemple, qui aurait besoin de percevoir 7 à 8 mille francs, en prélève 30 à 40 mille, et crie misère.

Je ne parle pas des grands chefs, des ducs de Bourgogne algériens : ce serait bien autre chose.

Je ne prétends point, cependant, que l'indigène paie, au total, de trop grosses sommes; je ne trouve mauvais que le mode de perception, et l'abus par lequel le fonctionnaire musulman détourne à son profit des ressources qui devraient être employées pour le bien général.

Panurge connaissait « soixante-et-troys manières d'avoir de l'argent toujours à son besoing. » Le sectateur de Mohammed est, je crois, encore plus fort; la main sans cesse sur le pouls de sa tribu, pour sentir jusqu'à quel point il peut lui faire rendre gorge, il est passé maître dans l'art difficile de plumer la poule sans trop la faire crier.

Le remède à cela est bien simple; il consiste dans une grande dispersion de l'autorité pour amener la lumière et le grand jour là où il n'y a que ténèbres et mystères.

Je crois bon d'indiquer ici un trait saillant de la physionomie indigène, qui aide à expliquer bien des contrastes dans sa manière d'être, comparée à la nôtre : c'est le manque de précision dans l'emploi du temps. L'individu, dans ce pays, n'est point astreint, comme chez nous, à un emploi organisé du temps; il choisit son moment, et le saisit quand il lui paraît convenable; mais il n'arrête rien d'avance qui puisse le gêner. Ceci, joint à une gravité et à une dignité naturelles, contribue beaucoup à lui donner cet air de souverain suprême, assis en maître au milieu de la création, et occupé uniquement à regarder défiler devant lui les choses de ce monde. Même lorsque, pour le besoin de ses affaires, il doit montrer de l'activité, il semble toujours n'appartenir qu'à lui seul. De là cette ampleur, ce grandiose dans la physionomie de l'indigène même le plus misérable. Nos Européens, au contraire, avec leur air affairé, distrait, inquiet, pressé, paraissent à l'Arabe, suivant son expression, un essaim de mouches voletantes.

La dignité naturelle du musulman en général est encore relevée par ce vêtement si simple, si beau, qu'il tient des descendants d'Ismaël. Sous ce rapport, comme sous beaucoup d'autres, le peuple que nous avons soumis tient à la tradition des ancêtres; et il faut avouer qu'ici la coutume s'est trouvée d'accord avec ce que l'expérience et le goût auraient pu indiquer de plus convenable.

L'ensemble des haïcks, ceintures et burnouss, noble et élégant, est arrangé de manière à maintenir sur le corps une température toujours égale; avantage précieux en présence des accidents brusques, habituels à l'atmosphère en Afrique. Avec les mêmes vêtements, on a chaud l'hiver et frais en été, il suffit pour cela de relâcher ou de resserrer les tissus dont on est couvert.

## IV

### Qualité des Indigènes. — Hospitalité. — Charité. — Déférence. — Intelligence. — Sentiment du juste. — Comédie.

Au premier rang des qualités du peuple indigène de l'Algérie, et je puis dire de toute la race arabe, il faut placer l'hospitalité. Elle est chez ce peuple une vertu générale, sans exception. Rien de touchant comme la manière dont elle est exercée.

Un étranger, riche ou pauvre, bien ou mal vêtu, se présente à l'entrée d'une tente, quelle qu'elle soit, et dit simplement ces mots :

« — O le maître de l'habitation, (je suis) hôte de Dieu. »

Et toujours on lui répond :

« — Que le salut soit sur toi, sois le bienvenu. »

L'étranger entre ; on lui indique une place sur les matelas, les tapis, les nattes en sparterie, selon que la tente est pourvue des uns ou des autres ; et aussitôt toute la famille prend un air de fête. On nettoie l'intérieur de l'habitation, on augmente le feu si le temps est froid, on offre immédiatement ce qu'il y a de prêt ; il faut que la tente hospitalière soit bien pauvre pour qu'elle n'ait pas au moins une poule à ajouter au cousscouss de la journée ; si peu qu'elle soit dans l'aisance, c'est un mouton qu'elle sacrifiera en l'honneur de l'hôte de Dieu.

L'hospitalité donnée est l'occasion d'une fête qui se proportionne à l'importance de celui qui est reçu et de celui qui reçoit. Ainsi, s'il s'agit d'un grand personnage accueilli par un autre grand personnage, fût-il venu avec un ou deux serviteurs seulement, c'est un bœuf que l'on abattra en son honneur. Dans ce cas, toutes les familles voisines, toutes celles du douar, prennent leur part du festin, et contribuent à rendre la fête générale.

Il est même résulté de ces habitudes une manière de classer les gens. « C'est un homme, dit-on souvent, pour qui on tue un bœuf, lorsqu'il reçoit l'hospitalité. » — ou : « Un tel, ce n'est pas une créature bien importante ; il n'a jamais eu que du mouton à ses réceptions. »

Mais revenons à la famille pauvre, car c'est là que la coutume est surtout intéressante. On réunit toutes ses ressources, on emprunte chez les voisins. Quant à l'étranger, on lui laisse pleine liberté ; point de questions indiscrètes, il dira ce qu'il voudra, à la conversation du soir ; on cherchera à le distraire, on l'écoutera avec plaisir, s'il veut raconter quelque chose de sa vie, de ses voyages, mais souvent il quittera la tente sans avoir prononcé son nom, sans avoir dit de quel pays il vient, vers quel autre il se dirige. Et cette prévoyance de la famille qui oublie quelquefois ses besoins, mais pense toujours à l'hôte à venir, comment ne pas en être touché ; elle tient en réserve quelques poules, la farine la meilleure, les fruits secs, etc. : « Ceci, dit-on, il ne faut pas y toucher, c'est pour les hôtes, si Dieu nous en envoie. »

J'ai lu, je ne sais plus dans quel livre, qu'il fallait bien que l'Arabe fût hospitalier, puisque chez lui il n'y avait pas d'auberge. On pourrait répondre qu'il n'y a pas d'auberge, précisément parce que tout le monde donne l'hospitalité ; et, en tout cas, ce ne serait pas une raison suffisante pour expliquer la manière touchante dont l'hospitalité est exercée chez ce peuple, et surtout pour ne pas donner sans restriction d'amples éloges à un aussi noble usage. C'est là une vertu tellement générale, obligatoire, qu'il n'est pas de termes de mépris plus outrageants pour une famille, que de dire d'elle : « Elle donne mal l'hospitalité. »

Après le sentiment hospitalier, nous trouvons chez l'habitant de l'Algérie une qualité bien méritoire aussi, la charité.

La charité est prêchée à chaque page du Koran. Dans maints passages, elle est indiquée comme le moyen de racheter des fautes, de se purifier de mauvaises actions ; et il ne s'agit pas d'exercer la charité au profit d'une caste, d'une institution, d'un établissement, mais au bénéfice du pauvre, de celui qui souffre.

Dans les tribus, lorsqu'une famille a été éprouvée par des malheurs, on lui vient généralement en aide ; l'assistance des amis est habituelle ; et si enfin la tente ne peut se relever de ses désastres, il suffit à son chef de se rendre auprès de quelque grand personnage du pays, et de lui baiser la main avec ces simples paroles : — « O seigneur, je suis ruiné, je n'ai plus espoir qu'en toi et en Dieu; je suis dans ta main, je suis ton serviteur. »

— « Louange à Dieu! que Dieu te bénisse! » lui est-il répondu.

Dès ce moment, il peut compter parmi les nombreux parasites qui vivent autour des grandes existences du pays. Il vient fixer sa modeste tente ou sa hutte de feuillage dans le douar de son nouveau protecteur, à qui il n'aura pas d'autre service à rendre que de lui faire un compliment respectueux de temps à autre. Mais aussi, vienne l'occasion où le chef a besoin de quelqu'un pour une corvée pénible, une commission à remplir dans les pays lointains, et le serviteur sera tout à la disposition de celui qui lui a donné assistance. Il n'y aura pas là un compte estimatif en francs et en centimes, mais secours et protection d'un côté, dévouement de l'autre.

Dans les diverses parties du Tell algérien, on voit aussi, au milieu des tribus, des établissements où des secours sont distribués à quiconque se présente. Ces asiles, dirigés généralement par les hommes de bien dont nous avons parlé au début de ces souvenirs, reçoivent les dons des fidèles en provisions diverses et quelquefois en argent, à la charge de les transmettre aux malheureux. Habituellement ce sont des voyageurs pauvres qui parcourent le pays à la recherche d'une occupation qui les fasse vivre, et qui sont hébergés pendant quelques jours seulement.

Cependant il y a aussi des indigents qui se fixent auprès de ces établissements, et en tirent leur nourriture journalière; et tout cela se fait avec une simplicité, une grandeur qui contrastent avec nos habitudes. Il n'y a ici ni formalités à remplir, ni paperasses visées, parafées, approuvées à exhiber, ni règlements à suivre pour le lever, le coucher, le manger, pour s'habiller, sortir, rentrer, se présenter à des appels. Il n'y a pas ce dédale de prescriptions qui donne aux musulmans tant de répugnance pour nos hôpitaux. L'ensemble compliqué des règles à suivre dans nos hospices est si insupportable au Tellien, qu'à peine entré, il demande instamment à sortir, quoique non guéri.

Le Tellien, hospitalier et charitable, est aussi doué d'intelligence. Le plus misérable, dans une tribu, a, sur le pays, des idées générales que chez d'autres nations on trouve à peine dans une classe relativement supérieure. Les campagnards, dans quelques-uns de nos hameaux, sont plus grossiers, plus ignorants que les derniers cultivateurs du Tell.

La noblesse du langage, l'élévation des sentiments qu'il représente, sont aussi chose remarquable dans cette population intéressante.

Plus je creuse mes souvenirs, moins je puis croire que ces groupes d'indigènes, en qui j'ai constaté, à côté de défauts plutôt superficiels que profonds, des qualités réelles, soient, ce que l'on est trop enclin à admettre, des monstres pourris d'horribles infamies; loin de là, les Telliens que j'ai étudiés avaient de bons instincts, et, bien dirigés, retrempés par le travail, ils pourraient facilement prétendre à de belles destinées.

Une race qui montre de la fidélité dans ses amitiés et ses dévouements, qui conserve assez de sève et de vigueur pour produire des individus capables de tenir les serments les plus difficiles à observer, une telle race n'est point abjecte et méprisable.

Je viens de parler de serments. Voici ce que je puis affirmer à ce sujet : j'ai vu des indigènes qui avaient été des buveurs passionnés de liqueurs fortes, ou des joueurs de cartes forcenés ; ils avaient juré sur tel marabout de renoncer aux liqueurs ou au jeu, et ils avaient su tenir ces promesses. Au moment où j'avais connaissance de ces faits, il y avait dix, quinze ou vingt ans que le serment avait été fait et tenu. Cite-t-on chez nous beaucoup d'ivrognes ou de joueurs qui renoncent à leur passion ? N'avons-nous pas, au contraire, le proverbe : *Qui a bu boira, qui a joué jouera?*

J'ai constaté, dans le même ordre d'idées, des faits qui eux seuls seraient des preuves de la force des bons instincts dans cette race. Il est à ma connaissance, par exemple, que des individus qui avaient volé et assassiné n'étaient pourtant point tombés dans l'extrême dégradation morale qui, chez les civilisés, est la conséquence de ces premiers crimes. Ainsi ces indigènes, après avoir subi des châtiments et abjuré leur manière de vivre, avaient montré de véritables qualités et reconquis l'estime générale, se plaisant à éclairer leurs compatriotes plus jeunes, se citant eux-mêmes comme exemple des excès auxquels on peut être entraîné par les passions.

Dans mes fonctions de *chef du bureau arabe*, il m'est arrivé souvent, lorsqu'il me semblait qu'il y avait dans la cause présentée une occasion de faire naître des mouvements du cœur, de faire appel à des sentiments d'amitié, de bonnes relations, d'évoquer des souvenirs de paix, d'affection, de services réciproques, et presque jamais en vain.

Je ne dois pas omettre la déférence que les Telliens ont pour leurs chefs, lorsque ceux-ci ont conquis leur sympathie et leur estime. Dans ce cas, de tous les points de la tribu, c'est un concert d'éloges perpétuels; les moindres actions, les moindres paroles du fonctionnaire aimé sont citées, commentées et recueillies avidement.

Ces souvenirs de déférence me rappellent un épisode important de ma vie d'officier des affaires arabes, que je suis heureux de retracer ici.

5.

Je me trouvai un jour dans une zmala de cavaliers, près de laquelle devait se faire, sous ma direction, le partage d'une razzia. Cette razzia, faite quelque temps auparavant par des gens du pays seuls, sous ma conduite, était très-considérable, et, la part de l'Etat défalquée, il avait été décidé par l'autorité supérieure que le reste serait abandonné aux capteurs. Seulement, comme ceux-ci étaient tous des enfants de la contrée, que le coup avait été tenté surtout pour les indemniser des vols qu'ils avaient subis de la part de l'ennemi, eux et leurs familles, j'avais fait décider par les ayants-droit réunis, que les victimes de vol seraient d'abord couvertes de leurs pertes, et qu'ensuite les capteurs eux-mêmes me présenteraient, pour le reste, un projet de partage, après l'avoir mûrement débattu.

Il y avait là une grande affluence de monde; l'élite de la population était réunie; on remarquait surtout quelques groupes de vieillards venus tout exprès pour faire honneur aux jeunes guerriers, leurs descendants, et assis tranquillement au pied des arbres, dans un petit bouquet de bois. Les hommes qui avaient fait le coup de main étaient près d'eux, debout, en armes, et causaient vivement. L'indemnité à accorder aux habitants du pays qui avaient éprouvé des pertes par vol, depuis plusieurs années, avait été réglée sans difficulté. Mais quand on en vint à faire les propositions pour la quote-part à attribuer à telle ou telle famille, le désaccord commença.

Il faut dire que ceci avait lieu au sein d'une grande tribu divisée en cinq fractions; parmi ces fractions, deux d'entre elles, les Ratiba et les Sakhouar, avaient eu autrefois des démêlés violents; de petites guerres s'en étaient suivies, dont le souvenir était encore brûlant, et à chaque instant des rixes menaçaient de s'élever.

Le partage, en lui-même, était difficile à arrêter, parce que mes Telliens étaient et sont encore éloignés de nos idées d'égalité.

S'ils eussent tout simplement divisé le nombre des bêtes par celui des capteurs, et, une fois le quotient connu, laissé au sort le soin de désigner les têtes de bétail qui formeraient la part de chacun, tout eût été bientôt réglé; mais l'assemblée de la tribu avait voulu profiter de la circonstance pour honorer certains souvenirs représentés par quelques familles, pour donner des témoignages d'estime et d'affection à d'autres tentes qui avaient éprouvé des malheurs.

On avait donc réglé déjà quelques-unes de ces questions difficiles à arranger, lorsque Miloud, jeune cavalier des Sakhouar, beau garçon, connu par son courage, maître d'un fort joli cheval qu'il maniait très-adroitement dans les fêtes, où il ne manquait jamais d'exciter l'enthousiasme et les applaudissements des femmes, prit la parole. A cause même de ces succès, Miloud était jalousé par les autres cavaliers de la tribu, et surtout par ceux des Ratiba, toujours en rivalité avec les Sakhouar.

— O mes frères, dit Miloud, j'ai ici, près de moi, mon grand oncle Ali, que vous connaissez tous; il est inutile que je vous rappelle toutes les journées de poudre dans lesquelles il s'est montré un des plus braves du pays, toutes les assemblées de tribu dans lesquelles il a brillé par sa sagesse et ses bons conseils : je crois que nous pouvons lui faire un beau cadeau.

Les jeunes gens des Ratiba parurent improuver, et l'un d'eux, placé assez loin de Miloud et derrière lui, croyant sans doute ne pas être entendu, se permit quelques mots équivalents à ceux-ci :

— Pour ce vieux crétin-là? allons donc !

Miloud entendit, se retourna, et ne pouvant découvrir le coupable, commença ses invectives contre les Ratiba.

— Vous avez insulté ma famille, fils de chiens! Il y a longtemps que vous cherchez une journée! Vous l'aurez : par le ventre de ma femme, je vous défie!

Aussitôt une sorte de commotion électrique agita tous ces hommes ; ils se trouvèrent immédiatement placés sur deux longues lignes se faisant face, les Ratiba d'un côté, les Sakhouar de l'autre ; chacun invectivant son vis-à-vis, et tous ayant la main sur leurs armes, les burnous relevés sur les épaules, et tout ce qui recouvre habituellement la tête rejeté en arrière. A ce moment, mon domestique entra tout effaré dans ma tente et me dit, en me présentant mes pistolets :

— Quel malheur ! nous sommes tous morts !

Les clameurs du dehors commençaient à m'arriver; je m'élançai hors de ma tente et, jugeant le cas très-grave, je me précipitai sans armes entre les deux lignes hostiles, et m'écriai, avec le plus d'énergie qu'il me fut possible :

— Bas les armes ! c'est moi qu'il faut tuer le premier... Honte à moi, si vous vous battez devant moi !... Cessez à l'instant, ou tuez-moi, ou je me tue moi-même devant vous, et que mon sang retombe sur vos têtes ! Est-ce que vous ne me connaissez plus, moi, le chef du bureau arabe ?

J'étais très-exalté et décidé à toute extrémité, plutôt que de supporter devant moi une lutte entre cavaliers soumis à mon autorité. Bien qu'il ne s'agît pas ici d'une troupe régulière, organisée, disciplinée, je n'en mettais que plus d'amour-propre à maintenir intact le respect de mon pouvoir.

J'eus le bonheur, aux premiers mots que je prononçai,

aux premiers gestes que je fis, de voir se manifester une certaine hésitation. Dès lors, la victoire était certaine. Une fois l'extrême agitation de mes gens réprimée, elle devait tomber tout à fait ; quelques instants après, il n'y avait plus devant moi que des hommes honteux de ce qui venait de se passer. Quelques-uns d'un âge mûr et des plus raisonnables m'embrassaient avec effusion les épaules et la tête, me répétant :

— Tu es le père du pays ; sans toi, que devenions-nous, grand Dieu ! Une fois une balle lancée, c'était fini, c'était la guerre entre nous ; et comme les Français ne l'auraient pas souffert, nous étions obligés d'émigrer sur le territoire voisin, pour nous y battre à notre aise. C'était la mort pour quelques-uns de nous ; pour tous, l'abandon de nos terres, de nos provisions de grains, la misère ; que Dieu te bénisse ! Nous n'oublierons pas ce jour.

Nous étions sur un terrain occupé par les Ratiba. Je fis rentrer ceux-ci dans leurs tentes, j'ordonnai aux Sakhouar de regagner leur pays, et cette affaire, qui pouvait ensanglanter toute la contrée, n'eut pas de suites fâcheuses. Quant au partage, cause première du désordre, je le réglai dans mon bureau, assisté des hommes les plus estimés de la tribu et pris en nombre proportionnel dans chaque fraction.

Je terminerai cette partie de mes récits, en relatant

une suite de petits tableaux qui démontreront combien l'indigène a le sentiment du juste et de l'injuste.

Par une belle journée de printemps, sous l'éclat d'un soleil splendide, une nombreuse réunion de jeunes gens donnait une sorte de fête, je ne sais à quelle occasion, sur une jolie plage de sable fin formant un demi-cercle dont le bord de la mer était le diamètre, et une suite de petites collines, la circonférence; aux deux extrémités du diamètre étaient des amas de rochers, au milieu desquels s'ouvraient des grottes profondes. J'étais dans une de ces grottes, et c'est de là que j'eus le spectacle dont je vais donner la description succincte:

Pendant que s'exécutait d'une part une série de danses et de gambades fort curieuses, d'un autre côté plusieurs jeunes gens s'exerçaient, dans l'espoir de briller plus tard sans doute dans la secte des Aïssaoua, ces faiseurs de tours qui vivent en compagnie des serpents et scorpions qu'ils finissent par avaler, qui se brûlent la chair en séance publique et se martyrisent de toute façon. Au nombre de cinq ou six se tenant par les mains, ils se mirent à agiter vivement la tête, en suivant une cadence monotone, mais très-accentuée. Après une demi-heure environ de ce balancement de tête, ces énergumènes arrivèrent à une exaltation effrénée, et firent alors mille folies; entre autres, ils se donnèrent le plaisir de broyer, mâcher, avaler des morceaux de verres à boire. Après quoi, ils finirent par tomber harassés, et furent emportés loin de la vue des spectateurs.

Mais ce ne fut là que la petite pièce; ce qui m'intéressa le plus fut une comédie improvisée sur la plage, et qui fut très-bien jouée. Le sujet était la manière de gouverner d'un bey voisin.

Un individu qui ressemblait à ce bey fut assis sur une chaise en guise de trône; il avait sur la tête la grande calotte rouge traditionnelle; il portait une redingote-tunique à peu près semblable à celle que portent les musulmans soi-disant civilisés; il n'avait pas oublié le pantalon étroit et orné de sous-pieds, qui complétait un costume ridicule, remplaçant chez ce bey les vêtements si beaux de l'Orient. Le pacha en question avait, de plus, entre les jambes la longue pipe turque; autour de lui étaient plusieurs enfants de douze à quinze ans, figurant la jeunesse dont le souverain représenté aimait beaucoup trop, dit-on, à s'entourer.

Tout près de l'oreille du bey se tenait une sorte de chaouch-général, type de l'emploi très-connu: un gros Turc, brutal avec ses inférieurs, plat devant son maître, ignorant, cupide et avare, doué de cette sorte de finesse qui consiste à s'attribuer le mérite des choses qui réussissent, à mettre sur le compte d'autrui celles qui n'ont pas de succès, et n'hésitant pas, pour arriver à ce but, à employer le mensonge, les basses intrigues et autres moyens honteux. Dans la pièce, on appelait celui-là Masr... je me trompe, Durziali.

Il se présenta une longue filière de plaignants et même de plaignantes (jeunes gens déguisés), quelques-unes enceintes.

La personne amenée devant le bey exposait sa plainte, et généralement le cas était si bien choisi, si bien expliqué, que de suite toute l'assistance voyait où était le droit, où était le tort. Le bey fumait gravement sans rien dire.

Cependant la partie qui, aux yeux de tous les spectateurs, devait être condamnée s'approchait de Durziali, l'entraînait un peu au dehors et lui remettait en main un rouleau de papier. Le gros Turc empochait la somme figurée, revenait auprès de son maître, à l'oreille de qui il glissait quelques mots, et aussitôt était prononcé par le bey le jugement le plus injuste que l'on pût imaginer, aux grands éclats de rire de l'assemblée.

On donnait la bastonnade, on jetait à la mer, on coupait des têtes ; dans ce dernier cas, le patient, à genoux, avait une pastèque sur la tête; le bourreau, d'un vigoureux coup de cimeterre, tranchait le fruit, et le condamné tombait à terre, faisant le mort. Toutes ces scènes improvisées étaient jouées avec beaucoup de verve, d'entrain, une éloquence naturelle et une finesse étonnante à rencontrer dans ces classes d'individus.

Le dénoûment mérite d'être mentionné : à la fin, arrive un cheikh de la montagne, sorte de paysan du Danube, sale, le poil hérissé, tête, pieds et jambes nus. Un gros et long bâton à la main, il demande audience, et finit à grand'peine par obtenir d'être amené en présence de son souverain. Il a beau donner des explications, toutes à son honneur, il ne peut obtenir satisfaction : il s'anime alors, élève la voix, fait entendre des paroles de plus en plus rudes et menaçantes, et termine en maudissant le bey, et en appelant tout le monde à la révolte, au milieu d'un tonnerre d'invectives vigoureuses. Toute l'assemblée, spectateurs et acteurs, se précipite autour du bey, l'enlève de son siége, le dépouille et le lance à la mer, d'où on l'empêche de revenir à terre, en lui jetant des cailloux, aux applaudissements des nombreux témoins de cette curieuse comédie. Ce qu'il y eut de plus piquant dans ce dénoûment, c'est que le bey, qui avait joué son rôle consciencieusement, ne s'attendait certes pas à ce que la révolte irait aussi loin, et qu'il était vraiment indigné de ce qui lui arrivait.

Il m'a semblé une fois de plus, en présence de ces faits, que les indigènes savaient parfaitement distinguer entre les diverses manières de rendre la justice, et qu'on ne saurait prendre trop de précautions pour nous donner chez eux la réputation de juges intègres et éclairés.

## V

De la femme dans les villes. — Au point de vue religieux. — Dans les tribus. — Son importance réelle. — Son avenir. — Amour. — Anecdotes.

Les opinions relatives à l'état de la femme musulmane qui ont cours en Europe, ont généralement pour source les renseignements donnés par le Koran qui attribue à l'homme le droit de prendre quatre femmes légitimes, n'accorde aux femmes que la moitié de la part réservée aux hommes dans les successions, et enfin prescrit à ces derniers, lorsqu'ils veulent s'adjoindre une nouvelle compagne, l'obligation de payer une dot quelque minime qu'elle soit.

Les détails que l'on a eus sur l'existence des harems des grands seigneurs orientaux, sont venus se joindre ensuite aux causes précédentes pour faire admettre sans réplique que la femme du mahométan vendue comme un vil bétail, n'était jamais considérée par le sectateur de Mohammed autrement que comme un instrument secondaire, destiné à satisfaire ses besoins, à un degré dans l'échelle des créatures de Dieu, plus élevé, il est vrai, que le chien, le cheval, et même le chameau, mais bien au-dessous de l'homme, ce roi de la création.

Tel est en résumé, si je ne me trompe, ce que pensent les Européens civilisés, du sort de la femme dans les races de l'Orient; en Algérie, on partage aussi ces sentiments, et comme il n'y a plus de sérails, on a basé l'opinion émise sur ce que l'indigène qui recherche une femme, doit payer une dot; de là a été stéréotypée cette phrase déjà citée: la femme est vendue comme un vil bétail. Rien n'est plus faux cependant; je me hâte (1) de réfuter d'abord cette dernière assertion.

La femme indigène n'est jamais à vendre; en effet, je suppose que dans une famille bien posée, il y ait une fille à marier, et que l'on sache que le père ou tu-

---

(1) Nous nous empressons de citer un fait concluant à l'appui de cette assertion. Un des rédacteurs du *Droit*, envoyé en Algérie pour suivre le procès d'Oran, disait dans son compte-rendu du mardi 25 août, après deux semaines seulement de séjour sur la terre d'Afrique, et en présence de quelques scènes de la vie arabe :

« Les témoignages recueillis dans cette audience, nous paraissent,
» du reste, avoir détruit un préjugé trop absolu, qui a cours en France
» sur l'état d'infériorité, d'avilissement de la femme arabe. Nous avons
» vu... etc. » *(Note de l'auteur.)*

teur demande une dot de..., il serait facile de trouver de suite, un grand nombre d'individus musulmans de la même localité ou de la même tribu qui, offrant le double de la somme demandée, n'obtiendraient encore pas la fille en question. Or, une chose à vendre, est toujours livrée à l'acheteur, quel qu'il soit, pourvu qu'il paye le prix convenu. Il m'a toujours semblé que les mariages de France avaient bien plus que chez l'indigène, le caractère d'intérêt, d'affaire commerciale; les dots payées par les musulmans sont généralement très-faibles, eu égard à leur état de fortune, elles sont remises au père ou tuteur de la jeune épousée, mais celui-ci ne les conserve que comme détenteur; la dot appartient en propre à la femme, elle en aura la jouissance le jour où elle sera veuve, ou répudiée ou divorcée, et dans ce dernier cas toutefois, lorsque la justice qui a prononcé le divorce aura reconnu que les motifs de la séparation ne sont pas au désavantage de la femme. C'était au contraire une sage prévision du fondateur de l'islamisme que cette dot qu'il prescrivait en faveur de la femme mal partagée d'autre part, pour ses besoins à venir.

Lorsque l'on entend parler de difficultés à la conclusion de certains mariages, à cause de la dot, c'est la plupart du temps par amour-propre et non par intérêt. Ainsi, j'ai vu quelquefois un père tenir à honneur, à ce que l'on mit dans l'acte de mariage qu'il avait reçu en dot une somme de...., bien qu'il se contentât d'en recevoir la moitié. Affaire d'amour-propre pur; et notez qu'ainsi il s'exposait à ce que plus tard on lui signifiât de restituer cette dot telle qu'elle était enregistrée, et dont il n'avait reçu que moitié. Chez l'indigène, le père tient à ce que l'on dise que sa fille a reçu une dot brillante; chez nous au contraire le boutiquier crie bien haut qu'il donne tant pour marier sa fille; ce qui amènerait presque à lui dire : « mais votre fille a donc peu de valeur par elle-même pour que vous lui adjoigniez tant de sacs d'argent. »

Sidna Mohammed était un homme très-avancé, très-progressiste pour son temps. Lorsque nous nous basons sur ses prescriptions pour conclure que l'islamisme relègue la femme à un rang infime au-dessous de l'homme, nous oublions que cette dot à payer, cette demi-part dans les héritages, et tous les autres règlements qui concernent la femme dans le Koran, étaient pour l'époque, des pas très-prononcés dans la voie de la civilisation; que Mohammed n'aurait pas pu demander plus, sans risquer de se voir honni et renié, et qu'il a manqué à sa secte, dans la suite des siècles, ce qui fait défaut à presque toutes, c'est-à-dire des personnages acquérant assez d'autorité pour modifier les diverses parties de l'arche sainte, d'après les modifications que subissent les peuples eux-mêmes, et suivant une progression intelligente.

La faculté de prendre quatre épouses légitimes était déjà elle-même une restriction, une gêne pour les nouveaux fidèles habitués à bien plus de latitude; et, à ce sujet, l'on prête à Napoléon Ier une observation derrière laquelle je suis heureux de me retrancher : « Mohammed, aurait-il dit, a permis quatre femmes à l'homme, et il a bien fait, car, ainsi le même homme peut avoir un échantillon des quatre principales races du globe, la blanche, la noire, la jaune et la rouge. » Si en effet le prophète de l'Arabie a agi dans des idées aussi éclairées d'unitéisme dans les races, on ne saurait donner trop d'éloges à son intelligence, au moins pour l'époque de son apparition.

Quant aux harems, c'est un abus du luxe, qu'il faut déplorer ; il se perpétue en Orient, par suite de la facilité qui y existe, d'entretenir ce genre de corruption au moyen des populations du Caucase et contrées avoisinantes, lesquelles continuent à vendre leurs enfants comme esclaves. Mais en Algérie, il n'y a rien de tout cela, on n'y a jamais vendu, même avant notre conquête, de filles du pays. Les Turcs vendaient ou achetaient des négresses et des esclaves blanches venant du Levant par mer.

Il faut reconnaître cependant que cette pluralité des femmes dans le mariage constitue pour ces dernières un état social réellement inférieur, comparativement à la position de la femme chez nous surtout; mais je n'en trouve pas moins très-exagérées les assertions par lesquelles j'ai commencé le chapitre, et qui me paraissent trop accréditées; je vais essayer de le faire sentir par une série d'observations faites par moi-même et que je retrouve dans mes souvenirs.

Les indigènes de l'Algérie aiment passionnément les femmes; lorsqu'ils sont pris d'amour, ils sont capables des plus grandes folies; et ceci fait déjà pressentir que s'ils rencontrent des femmes qui méritent les soins de leur affection, ils sont tout disposés à les prodiguer. Quant à la manière d'être des maris avec leurs femmes, malgré toutes les histoires de Barbe-Bleue que l'on se plaît à répandre, malgré tous leurs faux airs de tyranneaux, je trouve que dans la réalité, ils étaient, même au moment de leur toute-puissance, c'est-à-dire du temps des Turcs, bien souvent trompés, et ce qu'il y a de remarquable, esclaves, eux les maîtres absolus, d'une foule de préjugés que la force des choses, les exigences d'une nature trop violentée, et se faisant jour par des voies détournées, avaient érigés en règles de conduite. Dans les villes de la régence, à Alger par exemple, entre autres faits, on sait que les femmes seules pouvaient aller prendre le frais sur les terrasses; un mari qui s'y serait montré, aurait été hué et serait devenu le jouet de la population ; ce qui n'empêchait pas les voisines de s'entendre, et de laisser passer discrétement des amants, de maison en maison. Bien mieux, dans chaque habitation mauresque, il y avait une chambre réservée, dans laquelle le mari ne pouvait pas pénétrer sous peine, comme précédemment, de se voir exposé aux quolibets du quartier. Dans cette chambre étaient censées pouvoir se trouver les amies de la maison venues en visite, et que les hommes ne pouvaient pas, décemment, se permettre de dévisager, sans courir le risque de se faire une réputation d'homme grossier, mal élevé, de mauvaise famille, et même au besoin, sans être obligé de venir s'expliquer devant le kadhi. Or, comme on le devine bien, de jeunes amants étaient quelquefois cachés des jours, des semaines entières dans ces retraites réservées aux amies. On ne peut donc pas nier qu'il n'y ait là une sorte de gêne que l'usage impose au mari, en faveur de ses femmes et de celles de ses amis ; dans la fréquentation des bains, des mosquées, des maisons amies, on voit à chaque instant l'autorité investigatrice du mari, arrêtée devant certains usages tous protecteurs des femmes. Ces dernières ne sont donc pas tenues pour des créatures d'un ordre si infime, puisqu'elles ont pu faire admettre de pareilles choses.

Mais, avant de nous d'étudier la femme musulmane à

un point de vue plus général ; je connais peu l'existence des familles mahométanes dans les villes ; ce qui précède, je l'ai bien souvent surpris dans les conversations ; et c'était, sans doute, ce qu'il y avait de plus saillant, au milieu d'une série de diverses attentions que le sexe faible avait su imposer au sexe fort.

Comment est considérée la femme sous le rapport religieux? Certes, si les musulmans ont des prétentions élevées en quelque chose, c'est surtout, comme enfants de l'Islam ; c'est comme sectateurs de Mohammed qu'ils sont le plus jaloux de leur soi-disant prééminence sur tous les peuples. Si donc, ils méprisent la femme, il semble qu'ils doivent d'abord le signifier par les règles de leur culte; or, nulle part dans la pratique de la religion, on ne voit proclamer l'indignité de la femme. Il n'est pas rare, au contraire, de trouver dans les établissements religieux le souvenir de femmes qui de leur vivant avaient édifié les fidèles par leur piété et leurs vertus, quelquefois même leur savoir et leur intelligence. En Algérie, sur certains points, il y a des chapelles (goubba, dômes, marabouts) consacrées à la mémoire de quelques-unes d'entre elles qui ont joui et jouissent encore d'une grande célébrité. On cite d'elles leur genre de vie, leurs entretiens habituels, leurs reparties, leurs décisions dans des cas difficiles qui leur ont été soumis ; et tout cela n'aurait pas lieu chez un peuple qui ne voudrait absolument voir dans la compagne de l'homme, qu'un être d'un ordre tout à fait inférieur.

La femme doit comme l'homme remplir tous les devoirs du musulman, comme lui elle doit faire le pèlerinage, une fois dans sa vie ; seulement, il y a une restriction, elle doit y être conduite par son mari ou son frère, et si elle est veuve ou divorcée, elle doit contracter une union exprès pour le saint voyage. La femme dans cette occurrence s'unit à un homme qui fait le pèlerinage avec elle, et il est convenu d'avance qu'au retour, le divorce aura lieu, à moins que tous deux s'étant trouvés à leur convenance réciproque, ne désirent continuer leur union momentanée. C'est ce qu'on appelle le mariage du pèlerinage. On ne peut s'empêcher d'y voir une preuve de prévoyance, car il était à craindre que plusieurs milliers de femmes libres arrivant chaque année au milieu des pèlerins, n'occasionnassent des désordres incompatibles avec la sainteté du pèlerinage.

A son retour, la femme est honorée du titre de *el hadja* (la pèlerine) de la même manière que le croyant est appelé *el hadj* (le pèlerin).

Mais c'est surtout lorsque la mort arrive, que l'on reconnaît d'une manière sensible l'importance de la femme. Au moment de mourir, la musulmane est entourée de toutes sortes de marques de respect; ses enfants sont appelés à venir recueillir ses dernières paroles ; le mari, d'après la coutume, doit venir demander pardon à sa femme, des peines qu'il peut lui avoir causées. S'il avait existé antérieurement, entre le mari et la femme, de mauvais rapports, les parents et amis de la famille font tout leur possible, pour que ce dernier vienne près de la mourante, et dise au moins ces simples paroles : « Au nom de Dieu devant qui tu vas paraître, pardonne-moi le passé. » L'homme marié qui laisse mourir sa femme, sans avoir rempli ce dernier devoir, n'est pas approuvé de ses coreligionnaires; on dit volontiers de lui, d'un air de mésestime : « Un tel, il a laissé mourir sa femme sans obtenir son pardon. » J'ai entendu attribuer à cette cause les malheurs arrivés à des musulmans qui n'avaient pas eu le pardon de leur femme défunte.

Ce qu'il y a de remarquable, c'est que la mourante elle-même, d'après la coutume, ne demande pardon à personne; il semble qu'elle participe déjà à une vie meilleure que la nôtre; qu'elle n'a plus à s'occuper autrement que pour les plaindre, de créatures misérables attachées à un monde grossier, qu'elle va quitter, elle, pour suivre une destinée d'un ordre bien supérieur.

On attache toutefois de l'importance à ce que la croyante avant de mourir, fasse le témoignage (*chehheda*) qui consiste dans l'énonciation de la formule religieuse du mahométan : « Il n'y a de Dieu que Dieu, Mohammed est le prophète de Dieu. » Si la malade ne peut parler, elle indique qu'elle fait le témoignage en tenant le pouce de l'une de ses mains, sur ses lèvres.

On rappelle à un mourant, en général, qu'il a à faire le témoignage, mais sans l'y inviter directement ; ainsi on répète, par exemple, plusieurs fois devant lui la formule sacramentelle, mais il n'est pas admis que l'on dise à un malade de prononcer la phrase sacrée. Il y a une histoire à ce sujet, la voici :

« Dès les temps les plus reculés, il y avait une prédiction qui courait le monde, et était connue des gens religieux ; elle consistait à annoncer la mission de Mohammed, et on faisait déjà le témoignage, avant de mourir. Or, Baba Zaccharia, un des anciens prophètes, étant très-malade et entouré de ses disciples, un d'eux l'invita à faire la profession de foi : « Il n'y a de Dieu... etc., » mais Zaccharia prononça un non très-net. Le prophète n'en guérit pas moins, et comme ses disciples lui témoignaient leur étonnement de ce qui précède, il répondit qu'il n'avait pas entendu l'invitation de l'un d'eux, mais qu'il avait crié *non*, aux obsessions de Satan ; car, celui-ci profitant de ce que Zaccharia était épuisé de soif, remuait de l'eau près de son chevet, et lui offrait à boire, à condition qu'il renierait la mission de Mohammed. C'est là ce qui avait motivé l'expression négative du vieux prophète ; et depuis lors, il n'est pas convenable d'inviter les mourants à prononcer le chehheda.

Revenons à notre mourante : si elle trépasse, sans avoir prononcé le témoignage, on croit qu'elle quitte la terre sans être en état de grâce, cependant on ne l'affirme pas ; Dieu seul est juge souverain, il verra.

La femme est morte ; aussitôt mille soins sont donnés à sa dépouille humaine, le service des ensevelisseuses terminé, arrivent les tolbas (lettrés qui lisent ou récitent des prières) ; ensuite, c'est le tour des parents et des amis de venir prier.

Si la défunte est morte vieille, on lui coupera des cheveux, que l'on conservera dans la famille, comme *baraka* (objet de bénédiction). Enfin, dans les villes et à leur proximité, l'on fait venir la gouala ou improvisatrice qui s'accroupit, les cheveux épars, près du lit mortuaire, et, s'accompagnant de son tambourin, improvise des stances poétiques sur des modes généralement monotones, mais vivement accentués ; parfois elle s'anime, se passionne et donne cours alors à des lambeaux de phrases que lui inspire la souvenance de la beauté ou des vertus de la morte. C'est la pythonisse antique, moins le trépied, mais avec la même flamme inspiratrice.

Puis, c'est le moment de la cérémonie funèbre qui se fait aussi religieusement et convenablement que possible, et au retour, ce qui, à l'honneur des musulmans, est l'accompagnement ordinaire de toutes les démonstrations publiques, de nombreuses aumônes, des provisions de vivres sont distribuées.

En dehors de la religion, la femme indigène exerce encore une notable influence, lorsqu'elle réunit un caractère respectable à une certaine intelligence; tous ceux qui se sont occupés des détails des affaires arabes, ont eu connaissance de femmes, dont les avis étaient écoutés par les hommes les plus marquants du pays.

J'ai connu à ce sujet des individus que l'on ne désignait que par leur petit nom, suivi de la qualification de fils d'une telle, au lieu de fils d'un tel, et cela pour rappeler la mémoire de leur mère, qui de son temps, avait été un personnage important et vénéré.

Dans une de mes excursions, je me souviens que l'on nous raconta un fait qui amusa beaucoup mon escorte; dans la tribu des H... de mon cercle, il y avait, à ce qu'il paraît, une vieille femme très-sévère, mais en même temps très-juste. On avait profité de ces dispositions, et, d'un commun accord, on était convenu de lui faire juger toutes les petites altercations qui surviennent entre femmes; elle s'en acquittait très-bien, et condamnait habituellement les coupables à des petites amendes en poules, œufs, beurre, au profit des pauvres. La médisance allait jusqu'à dire que, quelquefois, cette vieille Minos infligeait, de sa main, à ses justiciables, un châtiment que l'on ne donne habituellement qu'aux enfants.

Quand je fus dans cette tribu, je fis semblant d'ignorer cet état de choses, que je ne voulais pas changer puisqu'il arrangeait tout le monde. Je craignais avec raison, de tout gâter par mon intervention; en approuvant complétement, je pouvais pousser la vieille femme à la tyrannie, et la faire tomber dans les écarts habituels aux pouvoirs absolus; en désapprouvant, je faisais évanouir le petit tribunal.

Dans les affaires générales des tribus elles-mêmes, quand on veut bien chercher, on trouve souvent l'influence des conseils ou des excitations de quelques femmes. Ainsi, dans un des combats les plus rudes que mes gens de la frontière aient eu à soutenir contre les Khiroum dont nous avons déjà parlé, une des premières victimes parmi les ennemis, fut une femme, d'âge mûr, et d'un courage à toute épreuve; elle avait été frappée d'une balle au milieu du front, conduisant elle-même une des bandes hostiles. Après la lutte on la reconnut pour X..., femme renommée, et qui était un des orateurs les plus fougueux et les plus entraînants dans les réunions de la montagne.

Plusieurs fois, il m'est arrivé à moi, me trouvant au milieu des hommes importants du pays, de rechercher les causes de faits anciens ou récents; par exemple, les motifs pour lesquels une fraction de tribu ne s'était pas arrangée avec une autre fraction son ennemie, à la suite d'un conciliabule dans lequel les délégués des deux partis avaient cependant réglé tous les points, et lorsque des deux parts on désirait la paix. Il est certain, disais-je, que dans telle entrevue précitée, on avait reconnu, sur les avis d'hommes sages, combien il était facile de conclure la paix; des deux côtés on avait admis les réclamations justes, et rejeté les demandes entachées de haine ou d'esprit de violence; comment donc n'avoir pas abouti à la paix avec de semblables dispositions. On me répondait par des faux-fuyants. « Dieu ne l'a pas voulu… le diable nous a égarés… » Mais on a fini quelquefois par me dire: «Nous pouvons te le confier, à toi, qui connais nos affaires aussi bien qu'un musulman. Eh bien, nous n'avons pas fait la paix, à telle époque, à cause de nos femmes, nous ne savions comment nous présenter devant elles, sans avoir vengé nos frères morts, ou sans avoir obtenu de l'ennemi des avantages, que nous reconnaissions cependant qu'il était injuste de lui demander. Il en a été de même probablement dans l'autre camp ; cela a été un malheur ; mais tu comprends, nous ne pouvions, nous autres hommes, paraître avoir molli aux yeux des femmes. »

Nous approchons presque de la chevalerie ; nous sommes loin, en tout cas, de la fameuse assertion : « la femme indigène est vendue comme un vil bétail... »

Dans la vie intérieure de la tente, dans le ménage du cultivateur, j'ai également observé que la réalité est loin des opinions généralement répandues. Il y a à ce sujet des phrases toutes faites, et qui m'ont toujours paru exagérées. La femme est chargée de tous les travaux de la tente, et elle travaille bien plus que le mari, c'est vrai, car celui-ci, en dehors de ses cultures, de ses courses sur les divers marchés, et de la surveillance de son troupeau, a encore de trop longs loisirs, qu'il passe tranquillement en contemplation devant la nature ; mais aussi l'épouse dirige tout ce qui concerne l'intérieur de la tente ; il y a là encore un convenu habituel qui donne plus d'ampleur qu'on ne le pense, au rôle de la femme, et la fait voir sous un tout autre aspect. Je vais en citer un exemple.

Je vis un jour arriver à mon bureau arabe, une femme accompagnée de son mari et de différents témoins, parents ou voisins. Cette femme demandait le divorce, ni plus ni moins ; et, en réponse aux diverses questions d'usage, elle répliquait qu'elle ne pouvait plus vivre ainsi, qu'elle était le jouet de tout le douar, qu'elle n'avait jamais démérité de son mari, que celui-ci cependant persistait dans sa manière injurieuse de traiter sa femme, et que cela ne pouvait durer. Je cause avec les témoins; ils ne m'indiquent ni sévices, ni aucun des motifs ordinaires de divorce; j'insiste enfin, pour savoir le fond de la chose. Eh bien, sache donc, seigneur, s'écrie la malheureuse opprimée, la larme à l'œil, que lorsque je verse la farine, c'est mon mari qui tient la ficelle à la bouche de la peau de bouc, et arrête le mouvement, en disant, c'est assez, lorsqu'il le juge à propos. Je suis la seule femme du douar à laquelle on accorde si peu de confiance; tout le monde se moque de moi, je veux quitter mon mari; il n'a pas le droit de m'exposer ainsi aux railleries de la tribu.

Ayant enfin une base d'opérations, je pus continuer convenablement mon enquête, et j'acquis la certitude, que le mari en question était très-avare, qu'entre autres vexations qu'il faisait éprouver à son épouse, par suite de ce défaut, figurait la précaution susdite, qui exaspérait la ménagère. Comme après tout, le mari tenait à sa femme, et que celle-ci n'avait, du reste, à reprocher à ce dernier, que des procédés de ladrerie qu'il pouvait réformer, je parvins à arranger l'affaire à l'amiable. L'époux, après avoir promis de laisser à l'avenir sa femme plus libre dans la gestion du ménage, en fut quitte pour de petites emplettes que je le condamnai à faire, afin de contenter sa moitié ( je fais remarquer que cette expression est encore vraie pour celui-ci, qui n'avait qu'une femme ; dans d'autres cas, de mauvais plaisants ne manqueraient pas de me faire observer qu'il faut dire son tiers, son quart, son cinquième, suivant le nombre des femmes).

C'était un moyen que j'employai du reste souvent pour arranger des différends entre mari et femme, lorsque le cas était peu grave, et que les torts étaient du côté de l'homme; j'envoyais celui-ci acheter quelques morceaux de nos cotonnades, des petits miroirs, ou de l'huile pour la chevelure. La femme s'en allait réconciliée, et nos produits ne pouvaient que gagner à être répandus; la mode devant finir par en imposer l'usage aux tribus. Je me rappelle que dans mon cercle, on aurait plutôt rencontré une femme nue, que privée comme ornement de toilette, d'un ou plusieurs de ces petits miroirs de la valeur de quelques sous, qui se retournent assez ingénieusement dans une enveloppe de cuivre. Elles les portaient absolument comme nous portons nos décorations, et avec un sérieux du plus grand comique.

La femme indigène a très-souvent, même dans les conditions de fortune les plus infimes, un cachet de poésie qui étonne. C'est un son de voix ravissant, des gestes gracieux et pleins de noblesse, des expressions pittoresques, un langage imagé que l'on est stupéfait de rencontrer quelquefois sous des haillons, dans une tente de la plus grande pauvreté. On en voit qui ont pour recevoir l'étranger, par exemple, un tact, une délicatesse que l'on aurait cru ne pouvoir être produits que par l'extrême civilisation ; elles pourraient sous ce rapport donner des leçons à nos Françaises quelquefois si indiscrètes envers les individus qui ne sont pas de leur entourage habituel. Comment donc des femmes parfois si bien douées, qui inspirent les passions les plus fougueuses à leurs coreligionnaires, n'auraient-elles aucune influence sur eux ? Elles en ont au contraire une très-grande. Pour en citer un exemple, dans la question si importante du remplacement de la tente par la maison, nous n'avons pas d'adversaire plus éloquent, et plus à redouter que la femme. Elle ne veut pas de cette habitation de pierres qui représente pour elle une cage, une prison. Avec la tente, au contraire, elle se transporte suivant les saisons, dans diverses contrées ; elle n'a qu'à soulever un des bords de sa demeure pour voir se dérouler devant elle les horizons immenses ; or, elle aime la nature et ses aspects admirables, elle n'en est pas encore à préférer une salle enfumée à ces levers et couchers de soleil, à ces belles nuits étoilées qu'elle contemple en dérangeant un pli de

7

sa tente; et puis, elle et ses enfants se trouvent là, perpétuellement en contact avec l'air libre, ils aspirent à pleins poumons cette nourriture si bonne à la créature humaine.

Et le chapitre des amours; c'est là peut-être la principale cause qui, chez ces populations, fera rejeter longtemps encore toute pensée d'habitation fixe. Voici à peu près comment se pratiquent les intrigues qui ont l'amour pour mobile.

Le musulman amoureux, après avoir passé quelque temps à parler le langage des yeux avec l'objet de sa passion, emploie l'intermédiaire d'une vieille pour transmettre ses conventions; la femme est invitée à se trouver à un rendez-vous, mais la chose est difficile à exécuter; dans l'usage, les femmes ne s'éloignent des environs de la tente que pour aller à l'eau, ou au bois, et, dans ce but, elles se rendent habituellement plusieurs ensemble, sur des points du territoire convenus à l'avance dans la fraction de tribu, et près desquels il n'est pas admis que les hommes doivent se trouver. Combien de jeunes gens ne m'a-t-on pas amenés comme séditieux, perturbateurs de la tranquillité publique, sujets dangereux, bons à pendre, et dont tout le crime, en allant au fond des choses, se trouvait être, de se montrer souvent, près de l'endroit où les femmes vont à l'eau, malgré les nombreuses plaintes des maris intéressés.

C'est donc la nuit seulement, qu'il est possible à la femme d'aller se réunir à son amant, et l'on comprend qu'il est nécessaire, que le point de rencontre soit bien indiqué d'avance; c'est là la mission des vieilles femmes. Pour s'échapper de sa tente, l'infidèle n'a qu'à soulever près de sa couche un pan de l'habitation; or, les murs de pierres, les portes, serrures, etc., ne se manient pas aussi facilement que les tissus, et c'est une des causes qui préviennent le plus la musulmane des tribus, contre notre demeure maçonnée.

Les choses cependant ne se passent pas toujours ainsi : c'est quelquefois l'amant qui vient rejoindre sa maîtresse; ce qui arrive alors est effrayant, et il faut réellement avoir le diable au corps, pour mêler ainsi l'amour au danger le plus imminent. Le jeune homme qui veut arriver à pouvoir, la nuit, s'introduire chez sa maîtresse, cherche, sous un prétexte quelconque, à venir de jour, dans la tente de celle-ci, ouvertement, en présence du mari. Il reconnaît parfaitement les lieux; des signes convenus lui indiquent à quel endroit se place, la nuit, la femme aimée. Ce n'est pas tout, il faut se faire connaître des chiens, ces importuns gardiens de la tente : pendant plusieurs jours de suite il faut leur apporter des provisions, se faire sentir d'eux, et cela, en cachette du mari, car, s'il s'en apercevait, il y aurait motif à une plainte très-grave, et certainement à une punition de la part de l'autorité, ou à un conflit avec les gens du douar. L'amant ayant fait connaissance avec les chiens, et sûr du point de la tente vers lequel il doit se diriger, se met en campagne au milieu de la nuit. A quelque distance du douar, il ôte son burnouss, son haïck, en général tout ce qui peut l'embarrasser, il prend un poignard nu dans la main droite, et, à plat ventre à terre, il rampe lentément jusqu'à la tente. La femme a d'avance détaché les ligaments du piquet de tente sur un point, et le jeune homme se glisse près de sa maîtresse ; mais le mari est là tout près, il n'est quelquefois pas même séparé par un rideau, on entend sa respiration ; l'amant ne quitte pas son poignard ; partagé entre une extrême crainte et un excessif désir d'amour, c'est dans cette alternative qu'il s'abandonne aux transports de sa passion.

Lorsque l'amant ne s'est pas fait suffisamment connaître des chiens, et qu'il veut pénétrer la nuit chez sa maîtresse, il emmène avec lui un camarade, qui reste près du douar, fait un peu de bruit pour attirer les chiens de son côté, et les maintient près de lui le plus longtemps qu'il peut en leur donnant à manger.

Je crois déjà avoir expliqué cette tactique, pour la perpétration des vols de nuit, qui se font de la même manière.

Mon but est rempli si j'ai pu amener le lecteur à revenir un peu sur certaines opinions conçues trop légèrement d'après des observations toutes superficielles. La femme, devant la loi musulmane et dans la société indigène, est moins bien traitée que chez nous, je le reconnais, mais de là à admettre toutes les conclusions qui ont été exposées à ce propos, il y a loin. Se baser sur les actes journaliers de brutalité dont les habitants des tribus se rendent coupables envers leurs femmes, pour préjuger des relations générales entre homme et femme dans la société indigène, serait autoriser l'étranger à se faire une idée de l'état social de la femme française, d'après ce qu'il verrait ou entendrait dire des ménages d'un grand nombre de campagnards grossiers, ou d'ouvriers livrés à la débauche et à tous les désordres.

Si l'on objecte que dans la vie publique, on ne voit jamais apparaître les femmes indigènes mêlées à leurs époux, je répondrai qu'en effet on n'a pas encore vu les musulmans se promener en cadence, avec leurs femmes sous le bras, ainsi que cela nous arrive au grand ébahissement des porteurs de burnouss, qui trouvent en cela un de nos plus grands ridicules à leurs yeux. Mais les femmes des douars n'en participent pas moins à toutes les fêtes et réjouissances publiques, noces, etc. Elles ne figurent pas en public au milieu des hommes, mais elles assistent cependant, abritées sous des tentes, à tous les spectacles qui intéressent la population; de là elles font entendre lorsqu'elles le jugent convenable, leurs applaudissements, leurs *you, you, you*, ou cris interrompus par des battements de main sur les lèvres. Toutes les fois qu'un fait général cause de l'émotion dans une tribu, les femmes ne manquent jamais de manifester leurs sentiments, et ils ne sont pas sans importance sur les décisions qui surgissent. Je me rappelle être arrivé parfois à l'improviste avec quelques cavaliers, au secours de douars que je savais être attaqués, et chaque fois, j'étais salué par les clameurs des femmes qui, les premières, répandaient la bonne nouvelle, criant : « Enfants, n'ayez plus de craintes, voilà le bureau arabe, voilà le bureau arabe, sid X... que Dieu le bénisse!... »

Que dirions-nous d'un lettré étranger, qui, après avoir séjourné quelque temps au milieu de la société parisienne, écrirait: les Françaises sont entourées de beaucoup de soins et de prévenances, on les traite comme des enfants gâtés, on s'occupe de pourvoir à toutes leurs exigences de toilette, danse, chant, distractions joyeuses, mais on leur parle toujours le sourire à la bouche, et de façon à faire entendre qu'elles ne peuvent comprendre que des propos frivoles. Dans les assemblées de gens du gouvernement, dans les sociétés diplomatiques, savantes, industrielles, commerciales, partout enfin où les hommes ont à traiter de choses sérieuses, il n'est jamais question de femme; celui qui voudrait s'appuyer sur l'opinion d'une femme, mettre en avant des avis émanés d'une femme, serait tellement couvert de ridicule, que personne n'a encore affronté ce danger; d'où je conclus que chez le Français, la femme est une compagne considérée comme capable seulement de plaisirs et de distractions mondaines, mais dépourvue du reste de toute espèce d'intelligence et d'aptitude aux choses sérieuses, ne pouvant par conséquent exercer aucune sorte d'influence, en dehors du monde des amusements. A la surface, cette esquisse semblerait parfaitement exacte, et cependant dans notre société, depuis les plus hautes sphères jusqu'aux plus infimes, dans combien de choses, en cherchant bien, ne trouve-t-on pas l'influence d'une femme. Il en est un peu ainsi, croyons-le bien, du monde musulman en Algérie.

Le grand vice, à mes yeux, de l'état actuel de la société indigène au point de vue des relations entre hommes et femmes, le défaut radical que l'on ne peut pas ne pas voir, c'est la pluralité des femmes permise au musulman.

Je vais en dire quelques mots : Le cultivateur médiocre n'a habituellement qu'une femme ; quand il acquiert un peu plus d'aisance, que sa première femme vieillit, il en prend une seconde, et, ce qu'il y a de remarquable, c'est le plus souvent sur les instances de la première épouse. C'est qu'en effet, il ne faut pas voir seulement dans cette faculté de prendre quatre femmes, un moyen de satisfaire très-amplement des goûts sensuels; la vie dans la société indigène est ainsi organisée que tout se fait dans la tente: nourriture, soins des troupeaux, harnachements des bêtes de somme, tissus divers servant à l'habillement, au coucher de la famille, au transport de son butin et de ses provisions. Aussitôt donc, qu'une tente a un peu d'aisance, il faut plusieurs femmes dans son intérieur; chacune à son tour dirige les apprêts de la nourriture, et les autres, pendant ce temps, s'occupent de tissage ou de nettoyage. Quant aux ménages des grands chefs, il n'y en avait pas dans le cercle que j'ai administré, je n'ai pas de renseignements certains à leur égard; mais je crois bien que, dans ce milieu, la femme paresseusement étendue sur ses coussins, tourne à l'odalisque, et dans ce cas la pluralité des femmes n'est qu'une affaire de luxe, de satisfactions sensuelles. C'est là qu'est réellement le rôle dégradant de la femme musulmane; mais on voit que c'est l'exception.

Comment donc amener le cultivateur du Tell à se contenter d'une seule compagne? Ce ne sera certes pas en lui prêchant notre exemple, en lui adressant des discours à ce sujet; si l'on peut espérer d'approcher un jour de c résultat, ce sera en déchargeant la tente d'une grande partie des travaux qui lui incombent en ce moment. Déjà les moulins établis dans la plupart des tribus, ont délivré les femmes de la corvée insipide de moudre chaque jour, pendant des heures entières, la provision de farine nécessaire. Il y aurait à joindre aux moulins, des ateliers de fabrication du cousscoussou. Autour des embryons de cité, dont je parlerai dans le chapitre suivant, du *progrès chez les indigènes*, il faut qu'il s'établisse des dépôts de tissus à l'usage des habitants, burnouss, haïcks, tellis, tissus de tente; il est nécessaire que ces objets soient fabriqués à bon compte et livrés en détail, à des prix assez modérés pour que le ménage de la tribu renonce à les confectionner.

Le boulanger rendra également de grands services, en pétrissant pour toute une fraction de tribu. Une fois ces progrès et d'autres encore assurés, le cultivateur commencera à s'apercevoir qu'une femme peut lui suffire; un plus grand nombre de jeunes gens pauvres, aujourd'hui célibataires ou obligés d'épouser de vieilles veuves, s'uniront à de jeunes femmes devenues disponibles en plus grande quantité, et notre exemple, notre contact aidant, la famille musulmane se constituera, en se rapprochant chaque jour davantage de notre état de société.

Je ne veux pas terminer ce chapitre, toutefois, sans rappeler que nous devons avoir les plus grands ménagements pour la femme des tribus; j'ai des preuves certaines qu'elle est plus intelligente que son prétendu maître; elle nous a devinés; elle est portée d'instinct vers notre autorité; elle présente la plupart du temps notre intervention comme désirable, et voit en nous un soutien, un appui; c'est par elle enfin que nous arriverons peut-être le plus sûrement à civiliser les enfants d'Ismaël.

# LIVRE DEUXIÈME

## DU PROGRÈS CHEZ LES INDIGÈNES

### I

Procédés de l'autorité. — Habitation fixe. — Tente Embryon d'un centre de population. — Discussion.

D'après ce que j'ai indiqué d'autre part, de mes observations sur les musulmans du Tell algérien on doit pressentir que je crois au progrès du peuple indigène. Je ne suis pas de ceux, en effet, qui pensent que nous sommes fatalement destinés à refouler les habitants de l'Algérie devant nous, dans le désert, comme les Yankees chassent les Indiens, et à occuper seuls le territoire de l'ancienne régence d'Alger. Selon moi, au contraire, le cultivateur du Tell avec ses produits quelque peu développés qu'ils soient, avec ses moyens de transport quelque médiocres qu'ils paraissent, sa main d'œuvre quelque peu active qu'elle se montre, est encore un auxiliaire très-utile, et même indispensable pour tout établissement sérieux de l'autre côté de la Méditerranée.

Je regarde comme presque assuré, que l'agriculteur de ce pays prendra une grande partie de nos habitudes agricoles, et se rapprochera de nous, de jour en jour, au fur et à mesure que nous aussi, nous nous rapprocherons de lui; car, il ne faut pas oublier, que, si l'habitant du Tell a bien des choses à prendre de nous, nous avons, nous aussi, quelque peu à lui emprunter, et malheureusement cet échange se fait très-lentement.

Les Européens débarquent en Algérie, pleins de l'idée de leur supériorité, peu disposés à apporter des changements dans leurs usages, et surtout à faire cas des habitudes de peuplades que l'on considère comme des tribus de sauvages.

Les musulmans de leur côté, n'ont pas entrevu, jusqu'à présent, quelque chose de bien tentant dans ce que leur a offert le spectacle de la colonisation européenne; mais ce mouvement si lent jusqu'à ce jour, se montrera plus vif, avec le temps et l'expérience. Il n'y a pour moi aucune raison de supposer que l'indigène du Tell, lorsqu'il sera en présence d'améliorations réelles qu'il dépendra de lui d'apporter à son existence, ne le fasse pas. En nous reportant à ce qui s'est passé depuis une quinzaine d'années seulement, ne voyons-nous pas qu'à mesure que la tranquillité s'établissait dans les tribus, les cultures ont plus que doublé en étendue; le musulman a-t-il hésité un instant, devant ce premier progrès qui lui était naturellement indiqué. Il en sera ainsi de tout le reste : méthodes abréviatrices d'agriculture, transactions commerciales, institutions de crédits, il adoptera tout, il se montrera notre émule en tout, aussitôt que des essais sérieux seront tentés.

Examinons comment on a pratiqué jusqu'au moment actuel, cette grande entreprise de la civilisation de l'Algérie. Le gouvernement de la France a toujours manifesté les meilleures intentions, et, à ce point de vue, il y a réellement un grand pas de fait dans l'esprit des habitants indigènes de l'Algérie. La plupart sont pénétrés de la pensée que le beylik français est animé pour eux d'un généreux vouloir; et si quelquefois ils ont à souffrir de l'administration de certaines parties du territoire, ils savent bien faire la part des individualités, et déjà l'on peut voir surgir quelque chose d'équivalent à notre ancien : « si le roi le savait. » C'est là un point important de gagné; mais cette bienveillance du gouvernement, comment est-elle interprétée ? prenons des exemples.

Il y a eu un moment où, en haut lieu, on a manifesté le désir de voir le peuple indigène modifier son état social et se rapprocher de nous. Les administrateurs de l'Algérie n'ont trouvé pour cela rien de mieux que d'engager le cultivateur du Tell à bâtir une maison en pierres. Or, comment arriver à ce résultat ? En faisant prendre l'initiative aux chefs indigènes, a-t-on pensé. L'Algérien, jugeait-on, a une grande vénération pour l'autorité, il regarde volontiers ses chefs comme étant d'une race naturellement supérieure, et il est très-heureux de pouvoir l'imiter, suivre son exemple, lorsqu'on le lui permet. Faire que le chef bâtisse, c'est obtenir que dans un temps donné toute la tribu construise. Bien ; voyons ce qui arrive.

Le fonctionnaire musulman, toutes les fois qu'il est invité avec instance par ses chefs, à faire quelque chose, se donnerait garde de ne pas obtempérer. Donc, l'agha ou le caïd a fait bâtir en plein champ, un édifice qui peut avoir une certaine utilité pour son possesseur, mais qui aux yeux de l'individu de la tribu ne représente que le produit du caprice du Français et du chef musulman, et rien du reste d'attrayant, de profitable, de désirable pour l'habitant de la tente. Encore est-il à craindre que le caïd lui-même, ce qui est du reste arrivé, une fois sa maison élevée, donne le mauvais exemple de continuer à habiter sous la tente.

Ceci me rappelle un musulman de grande famille, chef d'une tribu importante, que l'on avait décidé à faire bâtir une fort belle maison et qui vint nous voir à Alger, lorsque celle-ci fut finie; on conduisit le propriétaire (c'est moi qui le conduisais) chez l'officier supérieur du génie qui avait fait surveiller la construction. Après les salutations d'usage, on causa de la maison; l'officier du génie tout content, et s'attendant à un compliment, demandait d'un ton de supériorité bien prononcée, ce que le sectateur de Mohammed pensait de son immeuble.

« J'en suis enchanté, répondit celui-ci, avec chaleur; les Français sont réellement des gens extraordinaires, ils m'ont rendu là un service dont je leur serai toujours reconnaissant; depuis que ma maison est finie je n'ai pas perdu un seul mouton; le soir, je fais enfermer mon troupeau dans l'habitation, et le matin, il n'en manque jamais une seule tête.

» — Comment, et toi; où demeures-tu donc.

» — Oh! moi, reprit à son tour, le mahométan avec une façon de suffisance aristocratique, tu comprends qu'un homme comme moi, un homme de race, ne peut habiter que la tente en poil de chameau. »

Voilà donc un de ces hommes, qui, d'après nous, devaient donner l'exemple du progrès, qui trouve la tente une habitation bien plus convenable et digne d'un grand seigneur, qu'une demeure en pierres, fût-ce un palais.

Mais revenons à notre démonstration :

L'exemple donné par les chefs indigènes n'a pas été suivi par le simple cultivateur, et il ne pouvait pas l'être; il ne s'agissait pas ici, en effet, d'un burnouss, un turban, un cheval, un fusil; il y allait d'abord de là dépense considérable de faire bâtir une maison d'une seule fois, contrairement à ce qui s'est passé chez nous-mêmes, où le laboureur qui a commencé par la hutte de branchages, n'est arrivé que petit à petit à l'habitation en pierres, laquelle même s'accroissant et se modifiant de génération en génération n'est pas cependant arrivée depuis une quinzaine de siècles qu'elle s'élabore, à un état bien parfait; car il n'y a pas longtemps que dans beaucoup de communes le chaume a fait place à la tuile, et il n'est pas encore disparu de tous les hameaux.

Admettons néanmoins la dépense comme possible et acceptée, il se présentait de plus, en conséquence de l'érection de la demeure en pierres, toute une série de changements de coutumes; c'était là ce que l'on voulait; mais cette réforme considérable ne pouvait être obtenue par l'exposition, aux frais de quelques chefs de tribu, d'un spécimen de maison européenne.

J'établirai plus loin, qu'à mes yeux, la transformation du douar indigène de cultivateurs tel qu'il est, en hameau civilisé tel qu'il existe sur beaucoup de points de la France, n'est ni désirable, ni avantageuse ; mais, acceptons pour le moment que ce changement d'état soit réellement excellent ; le moyen employé pour y arriver est mauvais ; comment fallait-il donc procéder ?

Etant donnée cette question : de rendre fixe sur certains points du sol, au moyen de bâtisses, l'installation des tribus ; voici, selon moi, quel serait le moyen d'approcher le plus de ce résultat.

Les fractions de tribu du Tell, ne sont, en général, mobiles que sur un certain nombre de kilomètres variable de 5 à 20 à peu près. Ceci étant connu, il faudrait au milieu d'un groupe de ces fractions, au sein d'une tribu de 1,500 à 2,000 tentes par exemple, contenant six âmes en moyenne par tente, ou 9,000 à 12,000 individus, au total, choisir un emplacement aussi convenable que possible pour devenir plus tard un centre de population, un bourg, une ville. Ce que l'on fera pour cette tribu, se ferait ensuite plus tard, sur une plus petite échelle pour chaque fraction de la tribu.

La place cherchée ayant été trouvée, et réunissant à

peu près les conditions suivantes : position saine, proximité de l'eau, sources abondantes, grand terrain propre à recevoir un marché, pierres et chaux dans le voisinage, bois même s'il y a possibilité ; la première chose à faire serait d'y établir la demeure du chef indigène du pays, partie à ses frais, partie aux frais de la tribu. Dans les essais tentés on a trop laissé le personnage bâtissant, s'établir selon sa commodité, à lui seul. Il serait important de diriger les travaux de cette construction de manière à ce que plus tard elle pût recevoir des additions ou modifications, car elle deviendra la maison commune du pays ; et pour cela, il serait bon par des sommes annuelles prélevées sur la tribu et remises au chef indigène, de couvrir celui-ci de ses avances, de façon qu'après un certain temps, l'immeuble devînt la propriété de la tribu, ou de l'État représentant la tribu jusqu'à organisation d'une sorte de commune. Contre les parois extérieurs de cet établissement, il y aurait à installer, aux mêmes frais que ci-dessus, mais à la condition d'une modique rétribution annuelle payée par les occupants, de petites demeures, pour le kadhi de la tribu, sorte de notaire qui est en même temps juge dans les affaires de mariage, divorce, succession, conventions écrites ; pour un des maîtres d'école de la tribu ; un forgeron ; un bourrelier ; on pourrait laisser s'y établir deux ou trois petits marchands juifs ou maltais vendant de la mercerie, quincaillerie, épicerie. Enfin c'est là que devraient stationner les étalons, lorsque ceux-ci sont envoyés chez les indigènes. Les marchés se tiendraient, les fêtes se célébreraient sous les murs de ce manoir, et c'est encore dans sa proximité que devrait être concédé l'établissement de moulins. Aux alentours, il faudrait ériger, à la disposition de tous, une fontaine bien et solidement bâtie, donnant de l'eau, d'une part à un abreuvoir, et d'autre part à un lavoir à ciel ouvert, pour les hommes; à un lavoir couvert, pour les femmes; enfin toute demande de concession, toute autorisation d'exercer une industrie dans les tribus, sollicitée par les Européens, devrait autant que possible, être accordée de préférence lorsqu'elle concernerait un territoire voisin de notre établissement central. On pourrait y faire l'essai d'un magasin de dépôt pour les grains de la tribu ; et, bien entendu qu'il y aurait aux environs, des terres à concéder aux cultivateurs qui renonceraient à la vie mobile du douar, pour venir s'établir dans une demeure fixe.

Quand on aurait ainsi réuni avec soin, en un point convenable, tous les éléments d'aggrégation qui peuvent engager des populations à s'y établir, on verrait l'effet produit. S'il y avait réellement grand avantage pour les habitants du pays à se fixer d'une manière quelconque, ils ne pourraient être entraînés à le faire, d'une façon plus puissante que par cette agglomération en un point bien choisi, de tout ce qui est le plus utile aux divers groupes de ces populations. Les idées une fois amenées sur ce terrain, soyons certains que s'il y a intérêt réel pour le cultivateur à avoir un établissement fixe, il le fera, dût-il commencer par le plus modeste gourbi (cabane en branchages); mais, pour mon compte, je persiste à ne pas voir dans la fondation du hameau à l'européenne, une chose convenable pour l'habitant du Tell. Je pense qu'il y a lieu de circonscrire pour chaque fraction ou sous-fraction de tribu, le territoire dont elle jouit maintenant dans des limites plus étroites; mais je ne regarde pas comme une chose bonne pour l'indigène le renoncement à l'habitude qu'il a de changer, trois ou quatre fois par an, d'emplacement.

Considérons bien les choses qui se passent : Au printemps, aux premiers beaux jours, la tente quitte son emplacement d'hiver, qui a dû devenir sale et boueux, elle va s'installer sur un joli gazon bien frais, bien propre, et dans une situation plus aérée qu'elle n'était dans la station hivernale; au moment de la moisson et de la chaleur, elle abandonne le campement du printemps qui commence à son tour à être encombré d'ordures, et où elle laisse du reste un précieux engrais, pour aller se fixer près de l'eau et des champs à moissonner. Quelquefois à l'automne, il y a encore un autre déménagement, et enfin, l'hiver, le douar va s'abriter des vents froids, derrière quelque mamelon, en un endroit sec autant que possible et à proximité du bois.

Cette pérégrination me paraît nécessaire dans les conditions où se trouve le cultivateur indigène, et me semble devoir l'être bien longtemps encore. Pourquoi donc tant tenir à fixer le Tellien sur un point donné; dans nos hameaux les plus sujets à être encombrés d'ordures, on voudrait bien souvent pouvoir changer l'emplacement du petit village; chez l'indigène musulman, que je n'hésite pas à reconnaître comme plus sale encore que nos villageois les plus négligents, sous ce rapport, et ce n'est pas peu dire, les inconvénients seraient, je crois, plus grands qu'en France; surtout si l'on veut bien faire attention à l'action solaire sensiblement plus forte en Algérie, que de ce côté-ci de la Méditerranée, et qui y rendrait plus nuisibles les amas de détritus et corps divers en putréfaction.

Mais la tente elle-même, la grande tente en poil de chameau et laine, n'est pas une habitation aussi détestable qu'on peut le croire; elle est chaude, l'hiver, lorsqu'elle est hermétiquement fermée; elle est fraîche, l'été, lorsqu'on y laisse pénétrer l'air de divers côtés. Et tout cet attirail de la tente est à la fois si élégant, si inusable, si commode surtout au point de vue des mœurs actuelles de l'indigène. On couche sur le sol, mais on en est séparé, selon la richesse de la tente, par une ou plusieurs nattes, quelques tapis de dessous, les matelas; de belles couvertures sont étendues sur le tout. Chaque soir, ces objets se divisent ou se réunissent, se placent dans une partie de la tente ou dans une autre, selon qu'il y a des étrangers à hospitaliser, ou bien des malades, des indisposés dans la famille, ou enfin suivant le caprice des individus.

Il y a là une commodité qui n'existe pas dans nos fermes, où les estrades cubiculaires condamnent pour le coucher, nos campagnards à des combinaisons forcées, qu'ils ne peuvent déranger sans bouleverser leur installation.

Le butin du cultivateur et de sa famille est enfermé dans ces tellis, tissus si solides et si beaux en même temps, qui, lorsqu'ils sont cousus par leurs extrémités, forment des sacs, et décousus, des tapis. C'est dans ces tellis qu'on renferme également les grains à transporter. Enfin, la batterie de cuisine est excessivement simple et peu coûteuse comme entretien; à part trois ou quatre pièces en terre qui forment le kenskass (pour la cuisson du kousskoussou), le reste se compose de plats en bois de différente dimension, d'écuelles et cuillers également en bois et de quelques tasses de fer-blanc.

Je ne connais à l'installation du Tellien sous la tente, que deux grands inconvénients, et encore peut-on y remédier.

D'abord, les troupeaux ne sont pas abrités; on place bien dans un compartiment que l'on joint à la tente pendant les très-mauvais temps, les bêtes de somme, et les deux ou trois vaches qui fournissent le lait de la famille, mais tout le reste du troupeau reste à l'air libre. Aussi dans les hivers rigoureux meurt-il beaucoup de bétail.

Or, d'après ce qui précède, on voit que chaque douar va s'abriter, l'hiver, à peu près au même endroit; l'autorité au surplus pourrait déterminer l'emplacement hivernal du douar, et plus tard, elle pourrait même fixer également les positions du printemps et de l'été, de sorte qu'on arriverait ainsi à avoir une population comme on le désirait, liée au sol, seulement à trois points différents, selon la saison, au lieu d'un.

La place d'hiver étant fixée, le groupe de cultivateurs vivant habituellement ensemble, pourrait installer un immense abri, au milieu du douar, et pour tous les troupeaux de cette petite société. Il suffirait pour cela de planter en terre, des branches d'arbre, non dégrossies, et à la hauteur de deux mètres, de faire une couverture en branchages, feuillages, diss, herbes diverses; il n'y aurait besoin à l'entour de cette étable, que d'une ceinture mobile de branches épineuses. La toiture serait probablement à renouveler chaque année, mais les branches plantées en terre pourraient y rester à demeure. Sous cet abri, et avec des provisions de foin suffisantes, les troupeaux passeraient assez bien l'hiver. Un pauvre diable de la tribu serait chargé avec sa petite famille de la garde de l'étable pendant les mois qu'elle serait inoccupée, et de la surveillance des approvisionnements de foin, dont il y aurait lieu de faire prendre l'habitude aux cultivateurs du Tell.

Un autre inconvénient de la tente consiste dans la fumée désagréable qui en encombre l'intérieur, lorsqu'on fait la cuisine. Pour y remédier, il n'y aurait qu'à trouver à l'usage de l'indigène une espèce de fourneaux à hotte, munis d'un tuyau de dégagement sortant de la tente; le tout facile à démonter et transporter; c'est une des choses qui seraient adoptées de suite par le musulman, si on lui montrait un modèle à sa convenance.

Enfin c'est à améliorer simplement ce qui existe, qu'il faudrait surtout tendre nos efforts. Et je ne serais pas loin de croire que le Tellien devenu propre et soigneux en linge, ayant fait à sa tente toutes les améliorations qu'elle comporte, possédant pour son hiver un emplacement convenable, un abri et des provisions pour ses troupeaux, de bons silos pour ses grains, persiste à conserver son habitation mobile, et, tout bien réfléchi, la préfère à une cage de pierres qui l'attacherait forcément à un point invariable du sol. Mais en tout cas, c'est là ce que l'avenir déciderait.

Je placerai ici une considération d'un autre ordre, mais qui vient à l'appui de tout ce qui précède.

Depuis quelques années déjà, et dernièrement surtout, par suite des mauvaises récoltes, l'esprit public s'est un peu occupé des questions agricoles. On a invoqué l'exemple de l'Angleterre, plus avancée que nous de ce côté; mais aussitôt on a ajouté que chez nos voisins d'outremer, la grande propriété qui n'est pas clairsemée comme en France, permettait l'emploi des machines et moyens abréviateurs, dont l'usage était interdit à nos petits cultivateurs.

Tout en reconnaissant les avantages du morcellement des terres, on est donc obligé d'avouer aussi que celui-ci peut être un obstacle au progrès agricole. Il est à présumer d'après cela que le cultivateur européen sera prochainement accablé par la concurrence de ceux qui peuvent disposer de forces mécaniques, à un point tel, qu'il lui sera désirable de rechercher des combinaisons par lesquelles, tout en restant propriétaire, il lui sera cependant possible d'utiliser les nouvelles inventions. En tout cas, tout fait pressentir des modifications imminentes dans notre état agricole.

En Algérie, où chaque année le cultivateur reçoit de l'autorité de la tribu un morceau de terre pour ses cultures, et où la propriété individuelle est tout à fait exceptionnelle, la situation est très-propice pour les essais que l'étude indiquera, et, sous ce point de vue, il n'y aurait donc pas lieu de se hâter de créer le morcellement à l'instar de la France, au moment où la métropole n'est peut-être pas éloignée de chercher un remède au fractionnement de la propriété elle-même.

## II

Exemples divers. — Maison. — Cotisations. — Coton. — Forêts. — Vaccine. — Anecdote à ce sujet.

Ce que nous venons d'examiner nous a fait voir le peu de profondeur de vue, avec lequel ont été traitées la plupart des affaires algériennes. Le manque de suite est en effet le grand défaut des entreprises dues à l'initiative des agents de l'autorité, et loin de moi la pensée de vouloir jeter le blâme sur une classe quelconque de fonctionnaires.

La besogne nouvelle et considérable de commander, administrer, diriger dans une voie d'améliorations tout un peuple entièrement différent de nous, n'était dans les habitudes d'aucune administration, d'aucun service public de la métropole, et c'est encore dans l'élite de nos jeunes officiers d'Afrique qu'il y avait le plus de chances de trouver des agents convenables. Je donnerai du reste ailleurs quelques détails à ce sujet, et je ferai voir que le personnel des affaires arabes, à l'origine composé de fonctionnaires très-distingués, n'a perdu en qualité, que parce qu'on n'a pas su s'en servir, en le dirigeant avec discernement.

Ce n'est donc pas une question de personnes qui m'occupe en ce moment, je le répète; je cherche surtout à faire sentir combien ces malheureux indigènes sont loin d'être seuls la cause de la lenteur avec laquelle l'Algérie se transforme, et il est nécessaire pour cela de faire ressortir notre propre maladresse.

Ceci bien entendu, je dirai que la plupart des chefs militaires, mus avant tout, par un grand désir d'avancement, cherchent par tous les moyens à se mettre en relief, à faire du zèle, souvent mal à propos.

A chaque époque, il y a eu des choses qui ont été, en quelque sorte, de mode en Algérie, et les ambitieux, pour se distinguer, exagèrent la mode. A un certain moment, par exemple, il était de rigueur de faire bâtir au compte des chefs indigènes; nous avons vu en quoi consistait cette grande affaire. A cette époque-là, il fallait absolument pour tout commandant de territoire, bien posé, avoir plusieurs chefs de tribu de son commandement en train de faire construire; un tel qui en avait huit ou dix, était un homme bien plus remarquable que celui qui n'en avait que deux ou trois. Il y a eu aussi les colonies de 1848. Dans certains cercles, loin d'avoir tout préparé, on discutait encore au moment du débarquement des nouveaux colons, l'emplacement du village à fonder, et auquel les malheureux émigrants croyaient n'avoir à faire qu'à se rendre immédiatement après leur arrivée. Ceci n'empêchait pas les comptes-rendus d'être remplis de louanges emphatiques, et de faire ressortir pompeusement les efforts de l'autorité.

Plus tard est venu le tour des cotisations volontaires, ou dites volontaires. Cette idée, très-bonne dans son principe, consiste à faire payer par les indigènes des sommes destinées à l'amélioration de leur pays : des chemins, fontaines, ponts, caravansérails, ont été faits avec ces ressources. Mais quel gaspillage! En voici un exemple.

J'avais été informé qu'une allocation, provenant de cotisations perçues dans un cercle voisin, permettait la construction d'un petit caravansérail dans mon cercle, en un point B..., lieu ordinaire de halte pour les voyageurs, près d'une forêt, aux bords d'un frais ruisseau. Toutefois le point même où s'arrêtaient habituellement les voyageurs, dans un joli petit vallon, se trouvait au débouché d'une gorge, et sous le vent d'un marais; il était très-malsain pour celui qui aurait voulu y demeurer. Ceci était bien connu dans le pays, tous les indigènes le savaient; il y avait là près un petit douar de cinq à six tentes, composé d'individus nés ou venus jeunes sur les lieux; quiconque essayait de s'y fixer, venant d'autre part, était presque certain de succomber, s'il ne se retirait à temps, et encore, ce douar se tenait d'habitude plus haut que le marais du côté de la source des eaux, et était moins exposé aux pernicieuses exhalaisons.

Il y avait cependant un moyen d'éviter l'insalubrité de cet endroit, c'était de faire la construction, à 100 mètres seulement des bords du ruisseau, sur le sommet d'un mamelon, en un point qui se trouvait préservé du courant d'air pestilentiel provenant du marais. J'avais informé de cet état de choses l'autorité supérieure du pays, je l'avais même fait connaître aux divers entrepreneurs qui pouvaient avoir l'adjudication des travaux, s'ils se faisaient à l'entreprise, j'avais propagé le renseignement de toutes les manières possibles, prévoyant bien ce qui arriverait.

En effet, pendant une longue promenade expéditionnaire que je fis au milieu d'une colonne commandée par le chef militaire du pays, on vint bâtir notre caravansérail, juste à l'endroit maudit. A notre retour, grand désappointement; comment cela s'était-il fait? Le commandant de la contrée prétendait avoir donné ses instructions à l'officier supérieur chef du génie, celui-ci assurait avoir repassé le tout à un capitaine, lequel était sans doute absent au moment décisif, de sorte que ce fut un officier nouveau venu ou ignorant les antécédents de l'affaire, qui reçut un jour l'ordre péremptoire de faire commencer les travaux, et celui-ci enfin délégua un sergent, lequel naturellement planta sa maçonnerie à sa convenance, près de l'eau, et au point qui paraissait désigné par la configuration du sol. Or, la famille installée dans cette maison a perdu son chef et quelques-uns de ses membres, les autres épuisés par les fièvres ont évacué; le caravansérail est ou sera abandonné.

Voilà un exemple de ce qui ne se fait que trop souvent en Algérie. Et les ponts qui s'écroulent, les fontaines qui ne donnent pas d'eau, les sentiers devenus plus mauvais et même impraticables après qu'on les a soi-disant réparés, et les constructions que l'on entreprend en comptant sur la chaux du voisinage, laquelle se trouve ensuite ne pouvoir être employée, d'où retard, perte de temps et d'argent ; et les murs que l'on n'a pu couvrir avant les pluies et qui se renversent, et puis, et puis. Tout cela doit être attribué, en grande partie, à la précipitation, à la trop grande impatience qu'ont la plupart de ceux qui dirigent les affaires, de pouvoir annoncer le plus vite possible un résultat qui doit produire de l'effet.

Dans le cercle où j'étais chargé de la direction des affaires arabes, ma principale occupation était de surveiller l'esprit public de la population et de le maintenir soumis à mon influence ; notre position le long d'une frontière presque toujours en désordre, m'imposait ensuite la nécessité de combiner sans cesse les mesures propres à assurer le plus de tranquillité et de sécurité possible. Le moment n'était pas venu de s'occuper activement de l'amélioration matérielle du pays, toutefois à la fin de ma dernière année de séjour sur ce point, la paix, paraissant avoir des bases un peu plus solides que précédemment, l'occasion me sembla propice de songer à divers travaux. C'est alors aussi qu'on me parla pour la première fois de cotisations volontaires. Je me mis en mesure d'en obtenir, mais ayant pris la chose à la lettre, je me figurai qu'il fallait réellement décider les tribus à se cotiser, et fidèle à ma manière de procéder lorsque je voulais qu'il fût pris une résolution par un des groupes de population, je réunis l'assemblée de la tribu par laquelle je voulais commencer, et j'expliquai ce dont il s'agissait. Je proposai pour premiers travaux, de faire construire deux fontaines avec abreuvoir à proximité d'un emplacement où se tenait un grand marché. A quelque distance on avait amassé antérieurement une quantité considérable de pierres, pouvant servir à l'érection d'un grand édifice ; la rivière, le bois étaient proches, il y avait donc là tous les éléments de la création d'un commencement de ville ; comme preuve à l'appui de plus, on trouvait dans les environs de nombreuses ruines romaines.

L'assemblée de la tribu fut très-contente de mes plans, elle décida la construction immédiate des deux fontaines, au moyen d'une cotisation par tente. Bien mieux, les tentes avaient été aussitôt divisées en présence de tous en trois classes, les riches, les médiocres, les pauvres, et la quotité de la somme à verser par habitation suivait la même proportion.

Je rendis compte de ce que j'avais fait comme cotisation, mais on fit sur moi force réflexions ironiques ; on m'expliqua alors qu'une cotisation volontaire était un impôt comme les autres, qu'on le fixait soi-même dans son bureau, et qu'on l'envoyait recueillir par des cavaliers armés. Cependant, je crois encore qu'en s'adressant franchement et directement à la population intéressée, on obtiendra toujours de meilleurs résultats.

Sur d'autres points du cercle, j'avais décidé des cultivateurs aisés, à faire à leurs frais des études préparatoires pour des établissements de moulins; tout me donnait à croire que dans cette voie j'obtiendrais d'aussi bons résultats que dans les autres parties de mon administration, lorsque je fus appelé à d'autres fonctions.

Assez sur ce propos, et continuons la revue des différentes choses qui ont occupé la mode.

Par moment, on a l'air de beaucoup s'occuper de colonisation européenne, on dirige de ce côté toutes les études des divers rouages administratifs; puis on y renonce, on se donne à la colonisation indigène, pour la négliger de nouveau. On a pensé quelquefois aux maîtres d'école des douars, puis à l'amélioration du cheval barbe, on songe aussi à abattre les forêts là où il y en a, pour en planter là où il n'y en a pas; on a mis en avant des projets de réseaux de routes stratégiques, commerciales et autres; commerce du sud, importation, exportation, on a touché à toutes les questions, mais on a traité de tout avec si peu de sérieux, des études si peu consciencieuses, si peu solides, que c'est merveille de voir ainsi triturer légèrement des masses d'affaires, dont la moindre exigerait de longues méditations.

Dans ces dernières années, le coton était à l'ordre du jour, on a fait partout du coton, et dans cette question comme dans les autres, le zèle intéressé a mis tout en œuvre pour avoir un résultat éclatant. Ce qui a été fait de mieux en ce genre, consiste en ceci : sur certains points on a destiné une bonne partie des ressources du cercle à produire une belle plantation de coton ; on a employé la main-d'œuvre de la garnison, on a bien choisi le terrain, pourvu à tous les besoins, et mis le résultat obtenu au compte d'un chef indigène. Vous voyez là ce qu'on appelle le savoir-faire en Algérie : les commissions instituées pour visiter les plantations ne peuvent constater que l'existence d'une belle et considérable récolte; or, l'autorité du pays déclare que c'est un chef de tribu qui, grâce aux bons conseils qui lui ont été donnés, a su venir à bout de la nouvelle entreprise. Pour tout le monde il est évident que l'honneur doit en revenir naturellement aux personnages éminents de la localité qui ont si bien su, etc. Personne ne s'avise de comparer la dépense de ce travail à la recette, de faire entrer en compte la facilité de disposer d'une main-d'œuvre nombreuse et presque gratuite, et autres choses importantes. Le tour de force ne peut même se reproduire plusieurs années de suite, mais qu'importe, le temps est venu de s'occuper d'une autre question. Que reste-t-il de celle-là, par exemple ? le but était-il donc de prouver que le coton vient en Algérie ? mais les expériences des jardins d'essais suffisent ; j'imagine que l'important était d'arriver à faire adopter cette culture nouvelle par des familles de cultivateurs, à s'assurer si dans ce sens, elle pouvait sérieusement faire partie des produits ordinaires du travail de la population agricole algérienne, et non pas à faire, comme dit si bien le musulman, de presque tout ce que nous entreprenons, de la *fantasia*.

Les forêts sont encore un thème qui a fourni matière à bien des divagations. Selon les uns, les musulmans détruisaient systématiquement tous les bois, et cependant, à chaque instant nos forestiers mettent les pieds dans de nouvelles forêts parcourues depuis des siècles par des indigènes, et néanmoins très-belles. J'en ai vu pour ma part dans lesquelles les agents du service forestier ne sont pas près de s'installer et qui sont de toute beauté. L'autorité elle-même avec sa science, son expérience, s'y prend-elle donc si bien pour conserver nos essences forestières en Algérie ? Exemple : Il y avait dans mon cercle, d'assez belles forêts parcourues habituellement par les troupeaux du pays; or, il arrivait parfois que vers la fin de l'automne, lorsque tout avait été desséché, il y avait des incendies partiels causés par la négligence des berge[rs].

A la vue de la fumée, il y avait toujours chez [les] Européens, une grande indignation : « Ces gueux d'[A]» rabes, disait-on, ils n'en font jamais d'autres, ce so[nt] » des misérables, on devrait les pendre, » et autres ge[n]tillesses. L'autorité émue finit par ordonner qu'il ét[ait] interdit à l'avenir aux populations du pays de fréquen[ter] les bois désignés. Cet état de choses dure trois ou qua[tre] ans, et voilà qu'un beau jour un énorme incendie rava[ge] une grande partie de bois, à tel point que si l'on repré sente le dommage causé par les incendies antérieurs pe[n]dant plusieurs années, par 5 ; celui-ci causait à lui seul u[ne] perte égale au moins à 100 ; les arbres au lieu d'être si[m]plement léchés par le feu, étaient détruits. Une forêt bien gardée, d'où cela pouvait-il provenir ? Cela vena[it] de ce que l'on n'avait pas suffisamment étudié la chos[e ;] mieux valait le parcours des troupeaux que l'interdictio[n] prononcée. Ces bois, en effet, renfermaient une espè[ce] de broussailles très-vivace qui était antérieurement d[é]truite chaque année par les bestiaux et leurs gardiens[,] mais depuis qu'il avait été défendu d'entrer dans la forê[t,] ces broussailles avaient pris une extension extraordinair[e,] elles s'élevaient plus haut que les arbres, les enlaçaie[nt] de toutes parts, les étouffaient, ce qui déjà était très-nu[i]sible au développement, à la nourriture de ceux-ci ; ma[is] de plus comme ces végétaux se dessèchent facilement à la fin de l'été et prennent feu de même, il avait suffi du moindre accident survenu sur la lisière du bois par le fait de quelque chasseur ou voyageur, pour causer un incendie qui s'était ensuite développé outre mesure, sous l'action d'un vent favorable. Les précautions de l'autorité avaient donc eu un résultat déplorable. Dans ce cas, comme dans beaucoup d'autres, ce qui existait quoique mauvais, valait mieux que ce qu'on lui substituait ; il ne fallait rien changer avant de pouvoir entreprendre les choses qui étaient réellement utiles, c'est-à-dire l'aménagement du bois, et des soins constants d'entretien. Il faudrait ajouter aux inconvénients suscités par les ordres de l'autorité, l'accroissement des bêtes féroces, et la facilité pour les malfaiteurs de se réfugier dans une vaste portion de territoire interdite à la circulation.

Pour clore cette série de souvenirs, j'ai une anecdote à raconter, à propos de vaccine. Dans un certain cercle, il y avait, dans ces dernières années, un docteur militaire qui déjà avait donné de nombreuses preuves de zèle. Il se faisait surtout remarquer par la passion qu'il mettait à vouloir vacciner le plus possible d'indigènes; il les comptait par centaines, il voulait arriver à les dénombrer par milliers, dans l'espoir sans doute d'obtenir des récompenses que beaucoup certainement acquièrent à moins

9

de frais. Il y eut un moment, où il ne trouva plus assez de complaisance dans les tribus, et il réclama aussitôt l'appui du bureau arabe ; celui-ci se contenta d'abord de faciliter la mission du médecin; même indifférence de la part des tribus. Une fois engagées dans cette voie, les autorités ne pouvaient guère reculer; elles mirent probablement de l'insistance ; mais comme il arrive en pareil cas, plus il y avait d'exigence de notre part, plus le mauvais vouloir des musulmans augmentait. Ce n'était d'abord qu'indifférence, puis refus formel ; à la suite, surgirent les commentaires et les indices révélateurs d'une agitation naissante.

Or, c'est là la situation habituelle qu'exploitent habilement les ambitieux empressés de saisir toute occasion de mécontentement. Les premiers jours, on se dit dans les douars : « Qu'est-ce qu'ils ont donc les Français à t -
» nir tant à nous faire l'opération au bras ? le bureau
» arabe prétend que c'est dans notre intérêt pour nous
» préserver de la petite vérole; mais d'où vient donc cet
» amour subit pour notre santé? Quand nous devons
» payer l'impôt, nous avons beau nous plaindre, exposer
» que peut-être la misère nous accablera pendant l'hi-
» ver, on n'exige pas moins nos douros. Il y a quelque
» chose là-dessous. »

Quelques jours après, on se disait que l'opération de

la vaccine était faite dans le but d'apposer une marque aux individus, et dans de mauvaises intentions, sans doute ; enfin, l'on en vint à prétendre que les gens récemment vaccinés devenaient impuissants, que c'était là une ruse infâme employée par les Français, pour qu'il ne naquît plus que des chrétiens en Algérie, et que la race indigène disparût. Déjà l'on montrait sur les marchés des individus qui se faisaient voir nus, et paraissaient avoir été frappés d'impuissance par l'inoculation du virus. Dès lors l'agitation commença à fermenter : des chefs de tribu avaient été maltraités ; il devenait urgent de prendre des mesures en conséquence, des colonnes s'organisèrent. Heureusement, l'effusion du sang n'eut pas lieu, l'affaire put s'arranger ; mais la tribu paya de fortes amendes ; plus de soixante familles durent quitter le pays ; et tout cela en définitive parce que nous avions trop voulu vacciner.

Combien ne pourrait-on pas citer d'exemples pareils, de troubles considérables amenés par l'étourderie, le manque de tact de nos agents : arrestations manquées, sommes exigées mal à propos, musulmans outragés ou molestés, démarches intempestives, etc.

## III

Manque de direction dans le commandement. — Variabilité. — Aspect des colons. — Leurs prétentions. — Fonds enfouis disponibles.

Autant que j'ai pu l'observer, il m'a semblé que la tribu, loin d'être rétive à notre impulsion, est très-malléable, et se conforme assez bien aux exigences de l'autorité. Ainsi, par exemple, un chef nouveau vient prendre le commandement d'un cercle, il annonce à des tribus tranquilles et depuis longtemps en pleine paix, qu'il les verrait avec plaisir employer toutes leurs ressources à l'achat de bœufs de labour, et à l'augmentation de l'étendue de leurs cultures ; les douars désignés adoptent volontiers cet ordre d'idées, et se défont de leurs chevaux de selle, de leurs harnachements et armes, pour acheter des instruments de labour. Après plusieurs années, le mouvement est tout à fait dessiné ; lorsqu'arrive un autre chef qui se croit probablement issu de Jupiter, car il affecte tous les airs du dieu tonnant ; pour celui-ci, le langage est tout autre : « Apprenez, fait-il dire aux tribus susdites, que je suis un tout autre homme que mes prédécesseurs, je me moque pas mal de vos bœufs et de vos charrues, je suis homme d'épée avant tout; quand je sors, je veux être suivi d'une nombreuse troupe, ainsi, achetez des chevaux, des harnachements, des armes; » et les habitants de la tente se mettent à vendre ce qu'ils ont acheté, à acheter ce qu'ils ont vendu, pour être en mesure de faire escorte au nouveau chef quand il voudra se promener chez ses sujets. Ne faut-il pas après tout que les indigènes soient bien souples, pour se plier à des exigences aussi contradictoires. Le jour donc où ils seraient bien dirigés, que ne feraient-ils pas?

Le commandement, comme on le voit, est très-variable suivant les individus, et c'est là un grand inconvénient; il n'y a jamais eu dans l'administration du vaste territoire de l'ancienne régence, quelque chose ressemblant à un plan général, dirigeant les initiatives diverses, au moins d'une façon sommaire. Il semble cependant que l'on commence à pouvoir être assez éclairé sur la question, pour enfanter une sorte d'instruction, discutant les cas les plus usuels qui peuvent se présenter dans le gouvernement indigène, et pouvant présenter au moins quelques points de repère aux chefs nouveaux qui arrivent au commandement, et qui, en raison de leurs grades supérieurs, ne sont pas toujours disposés à écouter plus petit qu'eux.

Les circulaires qui émanent de l'autorité supérieure, renferment souvent des détails oiseux et laissent de côté précisément ce qui devrait être longuement discuté. On y voit trop clairement, lorsqu'on en prend connaissance, que la pensée dominante du pouvoir dont elles émanent, est de se donner raison, quoi qu'il arrive, et de tout préparer en conséquence.

On ne se fait pas idée de la variété infinie des diverses manières dont est compris le commandement par bon nombre de chefs de cercle, de subdivision et même de province.

L'un, par exemple, a horreur de la colonisation européenne ; pour lui, toute la population chrétienne en Algérie, hors l'armée, doit être considérée avec le dernier mépris ; aussi, ne veut-il pas entendre parler de concessions, d'autorisations d'exploitation, au bénéfice d'un Européen ; il entrave tout ce qui y a rapport. Un autre au contraire ne peut pas voir en face un indigène ; il déclare qu'il ne veut avoir affaire à aucun musulman, qu'il n'y a rien de bon à espérer de ces brigands de mahométans, qu'il faudrait les refouler dans le désert ; et, ce qui n'est pas moins curieux, c'est que ce chef a dû solliciter comme une faveur la fonction à laquelle il est appelé, et dont la partie importante cependant est la haute surveillance ou direction de l'administration des tribus. Bien entendu, qu'à l'encontre du précédent, il voudrait pouvoir donner tout le pays à quelques familles chrétiennes quelles qu'elles soient, maltaises, italiennes, espagnoles, allemandes, pourvu qu'elles ne soient pas indigènes.

Tel, et ce ne sera pas le plus mauvais, attachera une grande importance à la distribution de la justice, mais négligera peut-être un peu trop les autres branches du commandement.

Un quatrième ne s'occupe que d'industries à créer, de marchés, etc. Celui-ci a en vue les diverses races d'animaux; par la seule amélioration des animaux il prétend arriver à tous les progrès; tout est là. Il y en a qui ne veulent s'occuper que de plantations; d'autres, de routes. Et tout cela, indépendamment des questions à la mode dont nous avons parlé, et qui sont toujours pratiquées pendant quelque temps, au détriment de toutes les autres, par ceux en très-grand nombre, qui veulent absolument du bruit, de l'éclat.

Si, des hautes sphères du commandement, nous passons à l'initiative privée des Européens, pour y rechercher quels sont les exemples qui ont été donnés à la nation vaincue, nous ne voyons encore là que très-peu de spectacles attrayants; et pour mon compte, je comprends très-bien que le cultivateur du Tell ne se soit montré ni envieux du sort des colons chrétiens, ni désireux de les imiter. A part quelques villages qui ont fini par prospérer, dans la Mitidja ou aux environs des villes, l'indigène qui regarde, je l'avoue, avec des yeux prévenus, et on admettra facilement que cela est tout naturel, n'a pas encore eu devant lui les images séduisantes d'un plus grand bien-être, d'un plus grand bonheur.

Le cultivateur du Tell n'a rencontré, en général, comme agriculteurs européens, que des individus qui travaillent beaucoup pour subvenir à une façon de vivre qui ne plaît nullement au sectateur de Mohammed; ou des gens qui travaillent peu et ne tardent pas à tomber dans l'extrême misère. En tout cas, il les voit tous également sujets à de graves et épuisantes maladies, et ce barbare que nous voulons amener à nous imiter, n'a pas encore d'exemple concluant devant les yeux; il n'a peut-être jamais vu près de lui un cultivateur d'Europe, établi depuis longtemps, rester sur place et prospérer. Ce n'est partout qu'une succession de colons, arrivant avec la prétention de bouleverser tout le sol de la contrée, et disparaissant bientôt d'une façon ou d'une autre, sans avoir grandement remué les terres environnantes.

Il est curieux d'entendre de la bouche d'un indigène la description de l'intérieur d'une ferme européenne, et des mœurs de ses habitants, sur la terre d'Afrique. J'en ai surpris et me rappelle quelques détails.

« Le roumi est fou, disait-on, quoi ! un pauvre diable
» qui veut vivre de son travail sur le sol, et qui s'installe,
» il faut voir comment ; il ne peut coucher que dans une
» grande caisse qui est tout un édifice, il met ses vête-
» ments et un tas d'affiquets dans des boîtes divisées en
» compartiments, Dieu sait pourquoi ; trois fois par jour
» on dresse chaises et table pour le manger ; le monsieur
» a une bouteille noire à sa droite, une bouteille blanche
» à sa gauche, mais il aime mieux vider la noire ; il y a
» encore sur la table une foule de petits ustensiles, on sert
» plusieurs plats, puis du café, des liqueurs ; oh ! par la tête
» du Prophète, comment tirera-t-il tout cela de son blé ? »

Enfin, si nous voulons savoir où en est l'échange des idées qui doivent rapprocher les deux peuples, écoutons les reflexions qui sont faites de part et d'autre. Des Arabes passent devant un groupe de colons : « Pauvres gens, disent ceux-ci, ils s'obstinent à rester dans leur misérable condition, il leur serait si facile de faire comme nous, mais ils ne veulent pas comprendre. »

« O les maudits, murmurent d'autre part les indigènes
» en se montrant les colons, qu'ont-ils donc fait pour être
» condamnés à des travaux si pénibles, sans compensation
» aucune, ils sont bien à plaindre, mais Dieu est le
» maître, il nous a favorisés, parce que nous sommes ses
» serviteurs chéris. »

Dans le même courant d'idées, il est bon de noter que l'un des arguments employés le plus volontiers par ceux qui prêchent le progrès, nous est au contraire une chose nuisible en Algérie. Je veux parler des vestiges de la grandeur romaine, des nombreuses ruines d'édifices et de routes laissées par les enfants de Romulus. J'ai entendu dire à des indigènes : « Nous ne savions pas autrefois ce que c'étaient que ces longues lignes pavées, à travers champs, maintenant que nous avons vu travailler les Français à leurs routes, nous voyons bien ce que c'est, les *roumis* sont revenus prendre possession du pays de leurs ancêtres, dont ils ont conservé les habitudes travailleuses. » C'est très-bien ; mais quand nous disons : « Voyez ces ruines, considérez comment nos pères s'étaient établis partout, comment ils avaient civilisé tout le pays, jusqu'aux confins du Sahara, au milieu desquels on trouve encore des amas de décombres ; » le musulman pense intérieurement cette autre chose : « Tout cela a déjà disparu une fois, devant l'habitant de la tente (car il s'attribue l'expulsion des Romains), donc, il peut bien arriver une seconde disparition. »

Un autre ordre de faits assez extraordinaires semble encore mettre obstacle à l'implantation en Afrique de notre état de civilisation ; bon nombre d'Européens, des Français surtout, qui dans leur pays étaient connus comme des hommes sages, prudents, modérés, deviennent, à peine arrivés sur le sol algérien, négligents, oublieux de toute précaution, paresseux, débauchés même. Des gens qui en France, au milieu d'une ville, ne se couchaient pas sans avoir fermé et verrouillé les diverses issues de l'atelier, magasin, fabrique ou autre établissement et avoir pris des précautions multiples, installés aujourd'hui isolément, en pays de tribu, négligent toute espèce de vigilance, n'ont pas de portes, par exemple, à leurs étables et écuries; ce que j'ai constaté souvent. Ils ne font aucune garde, et ils viennent ensuite se plaindre qu'on leur a volé leurs bêtes; notez qu'il n'y avait la plupart du temps, qu'à venir prendre celles-ci par le cou pour les conduire au dehors, sans employer la plus petite effraction. J'ai même vu des colons qui non-seulement n'avaient pas de clôture fermée à leur écurie, mais encore n'attachaient pas leurs animaux dans celle-ci.

A ce sujet, j'ai quelques mots à dire; beaucoup de colons se plaignent des bureaux arabes; or, le plus souvent cet esprit de mécontentement tient précisément à ce que les bureaux arabes n'ont été que trop faciles et trop portés à satisfaire les Européens, de sorte que ceux-ci sont devenus confiants à l'excès dans les ressources du bureau arabe et s'en plaignent, lorsqu'ils n'obtiennent pas ce qu'ils veulent. Ce qui suit va le faire comprendre.

Pour tout délit commis dans l'intérieur d'une tribu, l'autorité a admis le principe de la responsabilité, qui existait de tout temps, chez l'indigène; c'est-à-dire, que quand il est bien constaté que le fait incriminé a eu lieu sur le territoire d'une tribu au détriment d'un individu d'une autre tribu ou étranger, si les coupables eux-mêmes ne sont pas trouvés, la tribu paye des amendes à l'Etat, et des dommages-intérêts à la partie lésée. On a ainsi, par ce procédé commode, satisfait à beaucoup de plaintes des Européens, et ils en ont conclu que l'on pouvait toujours faire droit à leurs réclamations, et que lorsqu'on ne le faisait pas, c'est qu'on ne voulait pas soutenir leurs intérêts.

Or, il arrive quelquefois, que le délit, bien que commis sur le territoire d'une tribu, a lieu sur une route fréquentée, ou à proximité d'autres groupes de population, momentanément établis sur ce point; de sorte qu'il devient par trop arbitraire de frapper la tribu comme responsable; ce dont on doit s'abstenir en pareil cas. J'ai vu se plaindre un colon qui avait laissé sa montre au pied d'un arbre, sous lequel il avait dormi, à quelques pas d'une grande route; plusieurs heures après, il était retourné à l'arbre, et n'avait pas retrouvé son objet; il demandait avec instance que la tribu voisine fût déclarée responsable et payât. Et cependant, si les colons voulaient bien se rappeler ce qui se passe en France ; combien de fois, arrive-t-il qu'après une plainte remise à qui de droit, on retrouve les objets volés ou une indemnité ; cela se voit si rarement, que la plupart du temps les gens qui ont été victimes d'un vol, ne s'en plaignent pas, à moins d'avoir des soupçons, des indices. En Algérie, au contraire, très-souvent on retrouve les choses volées ou bien l'on reçoit des indemnités.

Pour terminer ce chapitre, j'ai établi un petit tableau indiquant à combien j'estime l'argent enfoui et complètement disponible des tentes indigènes. Il ne s'agit que des sommes tout à fait détournées des besoins prévus de la famille, tels que dots des garçons à marier, années de disette, exigences des chefs, et cachées par le chef de tente qui seul connaît la cachette.

Je compte 2 millions et demi d'habitants (Tell et Sahara algérien), ou 400,000 habitations à 6 âmes par feu, à peu près.

D'après les indications que m'ont données l'examen d'un très-grand nombre d'affaires, les conversations et confidences de plusieurs milliers d'indigènes, les comparaisons que j'ai pu généraliser entre la position sociale de certains individus dans leurs douars, et ce que je savais de leur situation intérieure, voici quel serait le minimum en numéraire turc, espagnol ou français du superflu immédiatement disponible pour le progrès, lorsque celui-ci saura tenter le musulman.

Sur 400,000 tentes ou feux :

| | | | |
|---|---|---|---|
| 10 tentes ont en moyenne. | | 100,000 francs. | 4,000,000 francs. |
| 200 | — | 50,000 | 10,000,000 |
| 1,000 | — | 20,000 | 20,000,000 |
| 5,000 | — | 10,000 | 50,000,000 |
| 10,000 | — | 5,000 | 50,000,000 |
| 50,000 | — | 2,000 | 100,000,000 |
| 100,000 | — | 1,000 | 100,000,000 |
| 166,240 | | | 334,000,000 |

400,000
166,240

233,760 restent encore pour lesquelles je ne compte pas de ressources disponibles.

Ces 300 millions comptant, venant à sortir tout d'un coup des entrailles de la terre, et multipliés aussitôt par le travail et le crédit, amèneraient un changement complet dans la face des choses en Algérie. C'est là un problème digne d'attention.

# LIVRE TROISIÈME

## GUERRE.

### I.

### GUERRE FRANÇAISE

Composition d'une colonne. — Expédition dans le Sud. — Marches forcées. — Sirocco. — Privations. — Anecdotes. — Marche dans le Tell. — Grandes pluies. — Maladies. — Anecdotes diverses.

A mon avis, l'on peut diviser la carrière fournie par l'armée d'Afrique, depuis 1830 jusqu'à nos jours, en trois phases distinctes.

La première période qui s'étend de 1830 à 1842 à peu près est surtout l'époque guerrière; c'est celle pendant laquelle il y a le plus de combats partiels, la plus grande somme de dangers provenant de la lutte avec le peuple indigène. Le manque de ressources suffisantes, l'ignorance des généraux qui n'avaient pas encore trouvé le mode de guerre convenable à la situation, furent les principales causes des événements qui se produisirent de 1830 à 1839. On ne voit alors dans les annales de l'Algérie, que détachements surpris, convois enlevés, postes trop disséminés, défendus par de faibles garnisons qui vont chaque jour s'éteignant, par la pression active de l'ennemi, les maladies, le manque de vivres et de communications régulières avec les villes principales.

Vers 1840, et aussitôt que le général Bugeaud eût appris à l'armée africaine, quelle devait être désormais la constitution de la guerre en Algérie, l'état des choses, tout en ayant pour caractère distinctif la lutte armée, change cependant d'aspect, en ce sens que la race conquérante prend définitivement le dessus, sur les habitants hostiles du pays et établit d'une manière incontestable sa supériorité guerrière.

Pendant la seconde période, qui irait à peu près de 1842 à 1847, l'armée d'Afrique a surtout à endurer de grandes fatigues. Cette époque est caractérisée par des marches extraordinaires; l'ennemi qui ne résiste plus guère nulle part, doit être sans cesse poursuivi et son extrême mobilité nous force à de grands déplacements pénibles à obtenir.

Enfin depuis 1847 jusqu'à ces derniers temps le rôle de l'armée d'Afrique consiste principalement dans l'exécution des grands travaux de route, et l'achèvement de la conquête des massifs Kabyles.

J'ai assisté, de 1843 à 1845, aux expéditions qui ont eu lieu dans les subdivisions de Mascara et de Tlemcen, et qui sont restées, je crois, les constatations les plus complètes, des efforts surhumains dont sont capables nos soldats.

Ce sont des exemples de cette vie de fatigues, que je voudrais essayer de faire connaître.

J'étais, dans la brigade active de Tlemcen, sous-lieutenant de chasseurs à pied ; les troupes expéditionnaires de cette brigade se composaient habituellement de deux bataillons de ces chasseurs, excellente troupe qui venait d'être formée à Saint-Omer, avec l'élite de l'infanterie française; d'un bataillon de zouaves, vétérans de l'Algérie, dont le nom n'a pas besoin de commentaires; d'un ou de deux escadrons de chasseurs d'Afrique, et de deux obusiers de montagne.

Le général, un de ceux qui ont acquis le plus de renommée, sur la terre africaine, avant d'entreprendre une marche qu'il jugeait devoir être très-rude, passait quelquefois en revue, ces bataillons, homme par homme ; il inspectait chacun minutieusement, s'informait depuis quelle époque il était en Algérie, combien de fois il avait été malade, et décidait ensuite si l'individu ainsi examiné marcherait ou resterait. En choisissant ainsi, même dans des corps d'élite, on arrivait à former une troupe capable d'efforts prodigieux.

Il s'agit d'une marche dans le Sud, mais avant d'entrer en matière, n'est-il pas nécessaire d'expliquer comment est outillé le soldat d'Afrique, au moins le fantassin. On connaît ses armes et son sac, voici le complément de ses *impedimenta* :

— Une trousse qui contient : fil, aiguilles, boutons et diverses variétés de petites pièces d'étoffes propres au raccommodage des vêtements ;

— Quarante cartouches dans le sac, vingt dans la giberne ;

— Les petits ustensiles et corps gras nécessaires à l'entretien des armes ;

— Le morceau de toile qui, réuni aux deux ou trois autres morceaux semblables des camarades, formera une tente-abri à trois ou quatre hommes ;

— Une couverture ou demi-couverture selon la saison ;

— Le petit bidon de fer-blanc, recouvert en drap, contenant un litre, porté en sautoir ;

— Une sorte de tasse en fer-blanc qui de mon temps

était de la contenance d'un quart de litre, mais qui a beaucoup grandi depuis, attachée à la poignée du sabre-baïonnette.

Au départ de Tlemcen, le soldat portait habituellement huit jours de vivres réglementaires en biscuit, riz, sel, sucre et café, et huit jours de vivres d'ordinaire, c'est-à-dire provenant des deniers que reçoit la troupe pour achats de denrées complémentaires de celles allouées par l'Etat; ces vivres consistaient en riz, sucre et café, pain blanc pour la soupe, et légumes frais.

Enfin, par escouade, ou réunion de sept à dix hommes mangeant à la même gamelle, il y a trois objets de cuisine à porter à tour de rôle, le bidon, la marmite, la gamelle; un homme se charge d'un de ces ustensiles qu'il lie sur son sac, de sorte que tous les deux ou trois jours à peu près il a ce surcroît de chargement.

Heureusement, la viande se transporte elle-même, une troupe de bœufs accompagne la colonne; chaque jour on abat la quantité nécessaire.

L'administration militaire faisait en outre transporter, par les mulets du train des équipages, ou des bêtes de somme louées aux tribus arabes, des subsistances pour dix à quinze jours au plus. On voit dès lors, que les marches vers un but éloigné de la base d'opérations, ne pouvaient et ne peuvent maintenant même encore se prolonger longtemps, à moins d'avoir à sa suite, d'immenses ressources toujours difficiles à traîner; il fallait au bout de quelques jours revenir chercher des approvisionnements au point de départ, ou au moins se rapprocher de la région tout à fait soumise, et d'un facile parcours, et s'y faire amener un convoi de ravitaillement. Les *harnoys de gueule*, comme disaient nos pères, ont une très-grande importance dans la pratique de la guerre africaine, et c'est une considération à ne pas oublier, lorsque l'on veut se rendre compte des retraites et mouvements divers de nos colonnes actives.

L'ordre est donné; la petite colonne expéditionnaire, composée comme nous l'avons dit, doit partir le lendemain. Le soldat sait déjà que la marche doit avoir lieu dans le Sud, et il a fait la grimace, car nous sommes au mois d'août, la chaleur est grande, les fatigues seront rudes. Expéditions dans la montagne, ou dans le Sud, telle est la manière générale dont le troupier qui ne se pique pas d'étudier les détails géographiques, a divisé les opérations auxquelles il prend part; et, en effet, les marches de la brigade de Tlemcen avaient lieu : soit, autour de la ville, dans le Tell, beau pays, accidenté et très-bien pourvu d'eau, de bois, et de tout ce qui convient à l'installation d'un camp; soit, sur la lisière du Sahara algérien, région dénudée et sans ressources pour une colonne.

Le premier jour, la marche offre peu d'incidents dignes de remarque; on est parti à l'apparition de l'aurore; d'heure en heure on fait une halte de cinq minutes; vers 10 heures, on s'arrête pendant une heure pour déjeuner. C'est la grande halte, que l'on appelait dans la brigade de Tlemcen, le café, parce que c'était la seule préparation que les soldats avaient le temps de faire sur le feu.

Après le café, la marche se continue jusqu'à 4 ou 5 heures du soir; le bivouac est installé près d'une belle eau, à proximité du bois; on a fait une dizaine de lieues; rien ne manque encore à la troupe; le fantassin n'est pas trop fatigué; il est gai, et fait entendre de joyeux refrains. Les anciens exercent leur esprit de raillerie aux dépens des nouveaux; ils ne cessent de répéter à ceux-ci qu'ils doivent se hâter de jouir des belles eaux, des bons feux, des herbes tendres dont on a fait des matelas pour la nuit, de tous les agréments de la montagne, enfin, car ils vont faire connaissance avec une région où on ne trouve que du soleil et du sable. On sommeille de bonne heure; un homme par escouade veille pour préparer la soupe que les camarades doivent manger avant de se mettre en route le lendemain.

Le second jour, les arbres sont plus clairsemés, les collines moins hautes, les sources, les cours d'eau plus rares; la troupe a fatigué; mais il n'y a pas encore une grande différence avec ce qui s'est passé la veille; le bivouac est bon; le soldat, rafraîchi et repu, se livre satisfait à un sommeil réparateur.

La troisième journée, on part une heure avant l'aurore; il faut prendre l'avance, on commence à entrer dans la sphère des événements qui peuvent nécessiter de grands mouvements, il n'y a pas de temps à perdre. Quand le départ a ainsi lieu de nuit, il n'est pas rare de voir les officiers grelotter de froid, même en été, et rechercher leurs cabans d'hiver, tandis qu'à quelques heures de distance, épuisés, tout couverts de sueur, ils suffoqueront presque de chaleur.

On approche de la lisière du Sahara, le terrain est plus sablonneux; on ne voit plus que de loin en loin, quelques broussailles chétives; à grand'peine a-t-on trouvé de l'eau pour le café, on n'en rencontre plus jusqu'au soir, au moment d'installer le bivouac. Mais, attention à l'ordre donné:

On ne dressera pas les tentes, on va seulement se reposer pendant trois heures, on fera une marche de nuit, on a espoir de surprendre un camp ennemi le matin suivant. « Allons, murmure l'homme de troupe, voilà que
» ça commence, on sait ce que ça veut dire; nous allons
» marcher comme des dératés, et quand nous croirons

» mettre la main sur quelque chose, c'est au contraire
» nous qui serons surpris de ne rien surprendre. »

On marche toute la nuit, qu'elle est longue! Le fantassin déjà fatigué en se remettant en marche, commence à se roidir et à faire de grands efforts; le moment où il est tout à fait atteint par le besoin de sommeil, est surtout pénible; dans cet état de somnolence, le piéton s'endort, butte, s'éveille et se rendort plusieurs fois par minute, et le supplice dure ainsi nombre d'heures.

Cette première épreuve se passe assez bien, cependant quelques hommes, cinq ou six seulement, ont dû être portés en cacolets, c'est-à-dire sur les mulets de bât, attachés à l'ambulance. L'amour-propre est excessivement excité, l'esprit de corps et d'émulation est dans toute son énergie, les zouaves et les chasseurs à pied, puis les compagnies, les escouades elles-mêmes, tous ces groupes rivalisent, c'est à qui produira le moins d'hommes fatigués. Le matin, comme d'habitude, on n'a pas rencontré l'ennemi, et cependant, malgré de nombreuses déceptions antérieures, on avait été soutenu par l'espoir d'un beau coup. Un jour de succès, une belle affaire, consolent de toutes les journées de souffrance.

Le camp est installé, la colonne va pouvoir se reposer, elle en a grand besoin. L'aspect du pays est triste, c'est une immense plaine, couverte çà et là de touffes d'alfa, de thym, d'absinthe et autres petites plantes; de très rares broussailles fournissent à peine de quoi alimenter les feux de cuisine; l'eau est de médiocre qualité. Le soldat a perdu sa gaieté, mais l'ancien est encore un peu railleur : « Gueux de pays, murmure-t-il, avec ses deux bons Dieu (Jésus-Christ et Mohammed sont chargés du commandement chacun à leur tour, suivant le dire des troupiers), c'est Mohammed qui prend la semaine, nous allons en voir de dures! »

Le lendemain, la marche continue, on est prévenu qu'il n'y aura pas d'eau ni de bois pour le café; chaque homme fait un petit fagot, qu'il joint à sa charge sur son sac; dans chaque escouade que nous avons dit être de sept à dix hommes, on remplit d'eau le grand bidon et la marmite. Deux hommes portent celle-ci au moyen d'un bâton de tente passé dans l'anse de l'ustensile, et deux autres, le bidon. Quelle gêne pour ces fantassins déjà chargés, si embarrassés !

La journée s'annonce chaudement, on n'a pas cheminé pendant trois heures, que l'on sent déjà la fatigue; l'eau sans cesse agitée dans les récipients qui la contiennent, exposée à une température élevée, et recevant à chaque instant de la poussière du dehors, devient bourbeuse; les hommes impatientés de la gêne imposée à leur marche par cette exigence de porter à deux, un peu d'eau, souffrent et murmurent. On s'arrête pour faire la grande halte, le café, qui devrait couper en deux la journée de marche, et il est à peine sept heures du matin.

A huit heures, il faut se remettre en route, le pays devient de plus en plus triste; la chaleur est très-grande; de distance en distance, on peut entendre un vieil africain, marmoter : « Gare tout à l'heure, je sens ma douleur, ma blessure, bien certainement nous allons avoir le sirocco ! » Et en effet, l'horizon ne tarde pas à se colorer de teintes rougeâtres, semblables aux lueurs provenant d'un incendie lointain ; l'atmosphère se remplit de poussière brûlante, on entend comme le bruit de la mer, ou un tonnerre très-éloigné ; il n'y a pas à s'y tromper, c'est bien lui, le sirocco, la terreur du désert, il arrive impétueux et brûlant, il lèche tout de ses langues de feu; le palais se dessèche, la salivation devient impossible, toutes les parties intérieures de la bouche deviennent rugueuses et font éprouver des sensations imprévues de douleur; une poussière fine comme la cendre des foyers, soulevée par la marche de la colonne et le vent, pénètre dans les yeux, dans les narines qu'elles obstruent ainsi que les oreilles.

Alors commence un supplice difficile à décrire; que faire? on est aussi loin de l'eau qui est en arrière que de celle qui est en avant, il faut marcher quand même, le soldat le sent instinctivement, il va, il va, mais dans quel état ! C'est au milieu de ces souffrances, lorsqu'elles se prolongent trop longtemps, que l'on voit des hommes se suicider ; d'autres deviennent momentanément fous, ou pris de délire ; tous sont dans un état d'exaltation nerveuse, d'irritation concentrée qui donne à cette troupe d'êtres humains l'aspect d'une réunion d'aliénés ; les traits altérés, l'œil sortant de son orbite, ardent, égaré, le malheureux fantassin est soumis à une épreuve terrible. C'est le moment des visions décevantes et irritantes, chacun a constamment devant les yeux une source fraîche à l'ombre d'un arbre touffu ; oh ! se dit-on, si jamais je puis revenir près de certain ruisseau, j'y passerai ma vie ; que peut-on désirer de plus, quand on peut se tremper dans l'eau froide, la faire dégoutter le long de ses bras, dans ses mains, la boire, la savourer !

Mais que se passe-t-il à l'avant-garde ? Ce n'est pas un bruit qui se répe... ; on ne parle plus depuis que le sirocco souffle, mais il y a un certain mouvement, un empressement, qui ne peuvent se produire que par suite de la présence de l'eau. En effet, le détachement qui est en tête a vu une sorte de citerne qui doit contenir de l'eau, il approche ; déception : le petit puits est rempli de cadavres de moutons, qui sont venus de loin, probablement chassés par le vent du Sud, mourir sur quelques gouttes d'eau. Cependant, il y a peut-être encore un peu de liquide, les premiers venus rejettent au loin les moutons crevés, pour débarrasser la source, mais c'est en vain ; un peu de boue saumâtre, c'est tout ce qu'ils trouvent, et encore se hâtent-ils de l'absorber. Pendant ce temps-là, les soldats venus en seconde ligne sucent la laine des moutons morts, laquelle leur paraît encore un peu humide.

Une sorte de mouvement machinal en avant continue, on n'a plus souci que de conserver assez d'énergie pour arriver aux sources, le plus tôt possible ; le vent est toujours aussi fort, aussi chaud, il s'engouffre dans la bouche, empêche la respiration, il aveugle, il assourdit, et un soleil désespérant ne cesse de brûler de ses rayons. Enfin la nuit arrive, et amène un peu de soulagement, si le sirocco souffle toujours, le soleil au moins a disparu, et l'on se traîne jusqu'à l'eau ; cette bonne et belle eau, comme on la caresse, comme on y plonge les bras, la tête, comme on bénit le Créateur qui a fait l'eau ; l'eau, en ce moment, est la première des merveilles de la création. Mais que de souffrances pour la conquérir, combien sont encore sur le chemin, couchés tout haletants, combien ne rejoindront que longtemps après, les premiers arrivés !

L'émir est dans le voisinage, il faut se remettre en route, et tâcher de prendre son camp, sa déïra : la zmala avait été prise, il fallait enlever maintenant la deïra ou petite zmala.

La colonne est prévenue qu'elle va peut-être déterminer de graves événements, se couvrir de gloire ; le général a fait appel à l'énergie habituelle de ses soldats, il a parlé d'honneur, de sentiments généreux, il peut donc tout obtenir de nos excellents troupiers.

On leur fait savoir que le pays à traverser ne produit absolument rien : il faut porter l'eau, le bois ; bien mieux il faut encore se charger de l'herbe qui doit nourrir les bœufs qui accompagnent la petite armée. J'ai en effet vu ce cas extraordinaire, des fantassins portant, outre leur chargement habituel, de l'eau deux à deux, comme je l'ai expliqué, un petit fagot de bois et un botillon d'alfa pour les bœufs ; ce botillon placé sur le sac, dépassait la tête des hommes, et leur faisait une montagne sur le dos qui les rendait invisibles de trois côtés au moins.

Dès le commencement de la marche, les chasseurs se plaignent, mais en plaisantant : « Comment cela finira-
» t-il, qu'est-ce que nous ne porterons pas bientôt, est-ce
» que ces paresseux de bœufs ne pourraient pas porter
» leurs vivres sur le dos, avec des cordes ? eh ! breton,
» bourguignon (les soldats entre eux se désignent encore
» volontiers par la désignation de leurs provinces na-
» tales), tu verras qu'un jour on nous mettra les cacolets

» sur les épaules, et que c'est nous qui porterons les
» mulets ! »

La troupe est encore obligée de faire le café de bonne heure, pour profiter du peu de liquide vaseux qui est resté dans les bidons ou marmites; puis l'on reprend la marche. Nous sommes tout à fait dans le Sahara algérien, dans une de ses parties les plus mauvaises : on ne voit que poussière et soleil.

Partis à deux heures du matin, à sept heures nous avons fait le café, vers cinq heures de l'après-midi nous rencontrons des puits; on va s'arrêter pendant deux ou trois heures, le temps de préparer le riz.

Dans la triste région où nous sommes, l'eau ne se trouve plus que dans de petits puits, pressés les uns à côté des autres, comme des tuyaux d'orgue, ou les alvéoles d'un gâteau de miel. Et, chose étonnante au premier abord, de ces puits les uns sont salés, les autres non; sans que l'on puisse remarquer dans leur disposition un ordre quelconque. Sur cinquante puits, par exemple, il y en aura trente d'une façon, vingt de l'autre, tout à fait mêlés quant à leur emplacement sur le terrain.

La colonne restaurée, la course recommence; bien entendu qu'il y a marche de nuit; le matin la fatigue est extrême, il y a plus de vingt-quatre heures que l'on est en mouvement, et l'on n'a fait que deux grandes haltes.

« On va bientôt s'arrêter, un peu de patience, dit un
» chasseur en grognant. Ah! oui! s'arrêter, réplique son
» camarade, regarde donc là bas, le général; voilà deux
» moricauds qui viennent de l'accoster; tu sais bien que
» quand on voit ces mal blanchis venir conter des
» blagues, c'est nous qui en patissons, il faut redoubler
» la corvée. »

On fait cependant une halte : on a trouvé des puits, il faut préparer un repas; mais en voici bien d'une autre, crie-t-on de toute part, tous les puits sont salés, pas un ne contient de la bonne eau. On se rafraîchit un peu en se lavant, et l'on espère que par la cuisson l'eau perdra de son goût; espoir encore déçu, le café, le riz doivent être jetés, il est impossible de les avaler. Il faut se contenter de grignoter du biscuit et l'on repart; la prédiction du chasseur se réalisait. Du reste, de toute façon, on ne pouvait camper auprès d'une eau qu'il n'était pas possible d'employer.

Peu après la reprise de la marche, la fatigue commence à se montrer excessive, il faut avancer cependant, on ne cesse de répéter de la part du général que l'émir est là, tout près, que l'on peut prendre son camp. Les dispositions sont réglées d'avance : une fois en présence de la deïra, un bataillon se dirigera sur la droite, un second sur la gauche, le troisième fondra droit devant lui; la cavalerie ira couper les lignes de retraite de l'ennemi.

Tout cela surexcite et fait encore patienter pendant quelque temps, mais vers les deux ou trois heures de l'après-midi du second jour, il y a plus de trente-six heures que l'on est en route, et il n'est pas question de camper.

« Décidément, c'est trop fort, entend-on dans les
» rangs, cette fois-ci, nous allons plus loin que le Sud,
» le fameux Sud est dépassé; on abuse de nos jambes,
» encore quelques jours comme çà et nous rentrerons en
» France par terre. »

Alors commence une véritable marche au calvaire, les hommes exténués ne tiennent plus que d'une manière incertaine sur leurs pieds endoloris, beaucoup boitent, presque tous avancent péniblement en sautillant sur la pointe des pieds, dans l'impossibilité où ils sont de s'appuyer franchement sur ces parties inférieures du corps. Il est difficile de faire comprendre cette façon de se mouvoir, d'hommes accablés de fatigues, souffrant de tous côtés, et continuant à se porter en avant, par la puissance d'une volonté énergique. L'allure tient à la fois de l'idiot, de l'ivrogne et du paralytique. A chaque instant le général est obligé de faire arrêter l'avant-garde pour laisser au gros de la colonne la facilité de rejoindre; on fait peu de chemin en beaucoup de temps.

Cependant les exemples de courage abondent; un chasseur donnait depuis quelques instants, des signes d'une grande faiblesse; il avait failli tomber plusieurs fois; on lui conseille de demander un cacolet, « Moi, répondit-il, je ne suis jamais allé sur les mulets, et j'espère bien ne pas faire leur connaissance; » et il continue de se traîner. Enfin il s'affaisse et s'évanouit; on le porte aux cacolets d'ambulance, quelques minutes après il était mort. Quel héroïsme plus digne d'admiration que celui de ce simple chasseur, qui sans autre mobile que celui de sa réputation de soldat infatigable vis-à-vis de ses camarades, ne veut pas céder quoiqu'épuisé complétement, et lutte avec lui-même jusqu'à ce que mort s'ensuive.

Nous atteignons ainsi la fin du jour et nous approchons de la position indiquée au général, comme contenant le camp ennemi. A une dernière halte nous nous rallions le plus possible; chacun s'apprête à produire un effort suprême. La colonne avance en silence; elle est proche du dernier mouvement de terrain qui lui cache la deïra; elle arrive; rien devant elle. Le fils de Mahi-Eddin, le vigilant et infatigable Abd-el-Kader, a levé le camp, aux premiers signaux de ses vedettes; il était encore là, il y a une heure au plus, on trouve dans l'emplacement qu'il occupait, des restes de feu non éteints, des peaux de bêtes nouvellement abattues, de nombreuses traces toutes fraîches. Avec quoi, comment le poursuivre ; il est parti avec tout son monde bien reposé, il a une avance considérable. Nos hommes, certes, pouvaient encore soutenir un combat de pied ferme et faire honneur au drapeau, mais une marche forcée, aux allures vives, était de toute impossibilité.

Le général se décide à faire bivouaquer après avoir tenu sa colonne en marche, pendant quarante-deux heures.

L'excursion en avant continue encore quelques jours, de la même manière, et puis on revient dans le Tell, pour rentrer dans Tlemcem même, ou prendre un ravitaillement qui permette de se livrer à de nouvelles pérégrinations.

La marche de quarante-deux heures est ce que j'ai vu de plus fort ; dans une expédition, à laquelle mon bataillon ne se trouvait pas, on a été jusqu'à cinquante-deux heures, mais les conditions d'eau et par conséquent de nourriture étaient meilleures.

Ces sorties dans le Sahara se payaient chaque fois, au retour, par un grand nombre de malades atteints généralement de dyssenteries aiguës ou de fièvres rebelles.

En présence de l'énergie extraordinaire de nos soldats d'Afrique, j'ai souvent cherché, dans un but de comparaison, des détails sur ce qui concernait le piéton des légions romaines, dans les courses qu'il a faites dans le

Sahara où il a laissé de nombreuses traces; j'aurais voulu savoir au juste ce qu'il portait, et, comment il était organisé pour la marche dans le Sud. Je n'ai pu trouver que les renseignements connus sur les armes et les provisions dont était habituellement chargé le Romain à pied, mais rien de particulier s'appliquant aux excursions dans la région sèche et dénudée de l'Algérie méridionale. Toutefois d'après les notions générales de l'histoire, et à se rappeler la façon dont les nourrissons de la louve traitaient les pays conquis, je suis amené à croire que les hastaires, princes, triaires, vélites et autres fantassins romains, devaient utiliser les indigènes comme bêtes de somme, et dans des cas analogues à ceux que j'ai signalés plus haut, faire porter auprès d'eux, tout ce qui n'était point armes proprement dites.

La guerre d'Afrique donne aussi naissance pour le soldat, à des épreuves d'un genre tout opposé, je veux parler des souffrances d'une colonne au milieu de la neige et des grands froids amenés par des ouragans qui durent quelquefois plusieurs jours de suite.

Je n'ai pas, pour mon compte, avec mon bataillon, éprouvé sous ce rapport des rigueurs comparables à ce que j'ai dit d'une marche dans le Sud; autant que je puis me le rappeler, chaque fois que l'hiver s'est fait fortement sentir au milieu de notre colonne, nous avions du bois à discrétion, et si le sol était trop froid sous la tente, pour s'y reposer, on pouvait s'accroupir en plein air près du feu, pendant la durée de la nuit, et n'être pas encore trop malheureux.

Les chasseurs à pied munis chacun du sabre-baïonnette, avec lequel ils coupent facilement les arbres en se mettant à plusieurs, avaient tous les jours de très-beaux feux ; ils éclaircissaient tellement les bouquets de bois, qu'à une certaine époque on ne les appelait plus que les défricheurs. Ils causèrent, un jour, par là, un vif chagrin au général, qui faisait tracer la carte du pays par son état-major. Celui-ci s'était beaucoup servi, à ce qu'il paraît, dans l'établissement de cette carte et comme point important, d'un grand arbre, isolé sur un immense plateau au sud et à quelques lieues de Tlemcen. Le général et toute la colonne du reste connaissaient beaucoup cet arbre. Mais à une marche qui eut lieu de ce côté, le général ne vit plus son point de repère ! « Un arbre topographi-
» que, comprenez-vous cela, répéta-t-il, plusieurs fois,
» ce sont ces diables de chasseurs, ces défricheurs qui
» m'auront fait ce beau coup là ». Et en effet, un détachement de cette troupe avait bivouaqué près de cet indice topographique et en avait fait une bûche de Noël.

Dans la saison froide, on le comprend facilement, bien que l'on ne manquât généralement pas de feu, presque

tous les hommes étaient atteints de toux plus ou moins aiguës, et la tranquillité nocturne du camp en était troublée. Une nuit, le général impatienté sort de sa tente, et va se promener autour des abris des chasseurs pour considérer leur installation ; il remarque alors que quelques hommes ont la figure découverte, et les couvrant avec affectation de tout ce qui lui tombe sous la main, voire même des gamelles, il ne cesse de répéter à haute voix :
« Ils ne se couvrent pas, ces hommes, ce n'est pas étonnant s'ils toussent, les officiers n'y veillent pas. »

Ce n'était qu'un prêté pour un rendu, à quelque temps de là, je me rappelle que c'était dans la nuit de Noël, nous passions la Tafna à gué, l'eau était glacée ; il était tombé de la neige pendant plusieurs jours ; et le fantassin qui traversait la rivière, était baigné jusqu'à mi-ventre, ce qui, dans de semblables circonstances, produit une sensation très-pénible. Le général était sur la rive, surveillant le passage autant que possible, car la nuit était un peu sombre, et il y eut un homme entraîné, qu'on ne retrouva jamais. Les chasseurs se rappelaient la semonce du général remontant à quelques jours ; en sortant de l'eau ils toussaient avec exagération, et arrivés assez loin du général pour être entendus sans être suffisamment distingués, ils répétaient tour à tour : « Ils ne se couvrent pas, ces hommes, c'est pour cela qu'ils

» toussent; couvrez-vous donc, vous ne serez plus en-
» rhumés. »

L'épreuve la plus rude que je me souvienne d'avoir enduré en ce genre, consiste dans une marche qui fut fort pénible, non pas précisément par suite du froid, mais plutôt par le fait de la grande humidité provenant d'une immense inondation. Nous étions au milieu d'un système de montagnes, marchant dans la direction de Tlemcen; à peine avions-nous quitté le bivouac, qu'une pluie tout à fait torrentielle vint à fondre sur la contrée; tous les petits ravins, les enfoncements, les dépressions de terrain se remplirent d'eau en quelques instants; nous marchions presque constamment dans des flaques liquides dont le niveau nous arrivait à mi-jambe. Sur la fin de la journée, et sans qu'il y ait eu de grande halte, nous fûmes arrêtés par un dernier ruisseau qui était devenu une véritable rivière. A l'aide de quelques cavaliers établis de manière à préserver les fantassins du courant, une partie de mon bataillon passa; mais le cours d'eau grossissant à vue d'œil, et devenant dangereux, on interdit le passage, et je fus de ceux qui restèrent arrêtés par les eaux. La pluie accompagnée d'un fort vent d'orage, ne discontinuait pas; il fut impossible d'allumer du feu; tous les vêtements étaient mouillés, ainsi que les couvertures; la nuit fut terrible à passer; il mourut 7 ou 8 hommes du bataillon, ce qui indique suffisamment les souffrances de ceux qui survécurent.

Fort heureusement le lendemain, la pluie ayant cessé, le ruisseau baissa beaucoup de niveau, et nous pûmes reprendre notre route.

Un des spectacles les plus poignants qui se présentent à mes souvenirs, est celui de jeunes soldats bien constitués, n'ayant aucune partie essentielle de l'organisme sérieusement atteinte, et s'éteignant cependant sans qu'on puisse les sauver, par le fait seul d'un épuisement momentané. Combien de fois n'ai-je pas entendu les médecins militaires déplorer ces malheurs et dire : « Voilà des hommes qui vont mourir, et cependant si l'on pouvait d'un coup de baguette les transporter sur le bord de la mer, et leur faire boire du vin, demain ils seraient en état de danser.

J'ai du reste éprouvé la chose par moi-même; à la fin de 1845, j'étais à Lalla Maghnia, poste, très-malsain à cette époque, que nous avions élevé l'année précédente et qui nous avait valu la belle campagne du Maroc de 1844 (Isly) à laquelle j'ai été heureux de prendre part. Dans ce camp fortifié, trois bataillons venaient d'être successivement désorganisés dans l'espace d'une saison; à un point que mon bataillon par exemple, sur 700 et quelques hommes présents, n'eut un jour que 22 chasseurs à présenter pour le service. Parmi eux tous, une dizaine seulement parut avoir échappé aux maladies régnantes, mais quelques mois après, ces malheureux tombèrent tout à coup très-gravement malades, quelques-uns perdirent la vie. Le venin ne les avait que plus réellement et profondément atteints.

J'étais de mon côté, dans un état presque désespéré, car, je me rappelle avoir entendu mon médecin dire à un capitaine malade qui demandait ma couchette à l'ambulance, de prendre patience, que si je n'étais pas évacué promptement je mourrais en quelques jours, et qu'ainsi la place serait de toute façon vacante. J'avais une dyssenterie aiguë, une gastrite, un commencement de maladie de foie, et une fièvre constante. Bref, je fus compris dans un convoi d'évacuation de malades, que l'on envoyait de Lalla Maghnia à Oran, par Nemours. Pour arriver de notre point de départ à ce dernier petit port de mer, il y a une chaîne de montagnes à franchir, et quand on est au point culminant, on voit, on sent la mer Méditerranée.

Tant que le convoi fut sur la partie du trajet qui va de Lalla Maghnia au sommet de la chaîne, les malades ne cessèrent de gémir; il en mourut même trois ou quatre dont un jeune sous-officier de cavalerie; encore quelques instants de répit, et ils auraient probablement été sauvés. Mais à peine sur la crête, beaucoup d'évacués se sentirent comme régénérés par le changement subit d'air; il ne mourut plus personne jusqu'au moment de l'embarquement; loin de là, un bon nombre se trouvaient déjà convalescents. Moi-même, je me rendis à bord sans l'aide de personne, je bus, je mangeai très-bien, ne me lassant pas de respirer à pleins poumons. Enfin en arrivant à Oran, je ne voulais pas aller à l'hôpital sur lequel j'étais évacué, je me sentais tout à fait rétabli; les médecins qui avaient en main les pièces me concernant, ne pouvaient en croire leurs yeux. Pour le moment je fus guéri, et beaucoup d'autres comme moi, seulement pendant les sept ou huit années suivantes, j'eus souvent des accès de fièvre, suites des maladies antérieures.

Et maintenant que nous avons vu les souffrances du fantassin d'Afrique, si nous nous demandons quelle récompense il retirait de son séjour de plusieurs années sur cette terre inhospitalière, nous trouvons qu'il épuisait ses forces, se condamnait à des douleurs, à des infirmités précoces, mais qu'il rentrait dans ses foyers, sans distinction honorifique, sans avantages matériels; bien plus il quittait l'armée avec des vêtements en guenilles, usés par la guerre, ce qui, deux ans de suite, excita une vive indignation chez tous ceux qui furent témoins d'un si triste spectacle.

Aujourd'hui du moins, grâce à l'initiative impériale,

un soldat qui aurait à endurer les épreuves que j'ai vu subir à mes braves petits chasseurs, serait certain de ne pas quitter le service sans recevoir un signe distinctif, et même annuellement une petite rémunération pécuniaire.

C'est avec un vrai bonheur que j'ai enfin constaté une attention généreuse pour nos incomparables soldats.

## II

## GUERRE ARABE

Commandement des goums. — Courage arabe. — Position critique. — Retour d'une grande razzia. — Petit coup de main sur les Chouchaoua. — Les Nahdi au combat. — Samou le vieux Mekkrazeni.

Je suis arrivé à cette partie brillante et prestigieuse de la carrière des officiers des bureaux arabes, qui consiste dans l'accomplissement par le moyen des forces irrégulières indigènes, ou goums, de certaines entreprises de guerre.

Goums, combats, razzias, expressions magiques si puissantes sur l'imagination des jeunes militaires de l'Algérie, représentent tout un ordre d'idées, nouveau pour les fonctionnaires de l'armée, et qui est bien fait pour les séduire. Etre chargé comme capitaine, lieutenant ou même simple sous-lieutenant, du commandement d'un goum de plusieurs centaines de chevaux; avoir à remplir une mission lointaine et importante, telle que la punition d'une tribu ou l'enlèvement de ses ressources; et seul, chef suprême, avoir à résoudre toutes les difficultés qui se présentent dans des opérations de ce genre; prendre des décisions sur les marches, les directions, la manière de vivre, de camper, de transporter le matériel, la politique à observer avec les populations amies, douteuses ou hostiles, l'organisation du goum lui-même, l'action directe à exercer sur lui; et enfin, au-dessus de tout cela, avoir la possibilité d'amener une belle action de guerre que l'on dirigera soi-même à son gré, la facilité d'aller se mêler à la poudre la plus épaisse, de s'y baigner comme disent les Arabes, d'en rassasier ses yeux, ses oreilles et surtout son cœur; ce sont là des tentations irrésistibles. D'autant mieux que les militaires qui ont déjà fait quelques campagnes, et assisté à des actions de guerre, savent par expérience que dans ces derniers cas ils sont fixés à un rang déterminé dont ils ne peuvent sortir, encadrés dans une troupe qu'ils ne doivent pas abandonner, et comprennent que la carrière du soldat est une affaire toute de chance, que celui-ci attendra très-longtemps, peut-être toute sa vie une occasion favorable de mettre son courage et ses autres qualités militaires en relief, tandis qu'un autre plus heureux aura eu diverses occasions en quelques années. Le commandement des goums, au contraire, donne lieu à beaucoup d'occasions, ou de facilités de les faire naître.

Et puis, cette vie de chef à l'orientale a bien d'autres séductions encore; ce prestige extraordinaire dont on est entouré; cette soumission mêlée de dignité et qui va cependant jusqu'aux attentions personnelles dans l'intimité, des chefs et agents indigènes; ces grandes et somptueuses tentes; ces beaux chevaux; en un mot, cette constante disposition du sujet musulman à garder pour lui toutes les misères et à reporter vers ses chefs toutes les jouissances; ces sensations nouvelles pour nous ont un attrait qu'il est difficile de méconnaître.

Mais je crains que certains lecteurs ne sachent pas bien ce que c'est que le goum : quelques mots le feront comprendre.

De tout temps, les indigènes ont eu dans chaque tente des armes et des chevaux de selle munis des harnachements nécessaires. De nos jours, autour des villes et au milieu des tribus qui n'ont pas été troublées depuis longtemps, ces habitudes commencent à se perdre; les armes et les montures de guerre deviennent rares : mais sur les frontières, la lisière du Sahara et dans le Sahara lui-même, les anciennes coutumes subsistent dans toute leur vigueur. Dès le plus bas âge, le jeune musulman commence à jouer avec les armes et les chevaux; à quinze ans, c'est un bon cavalier, apte à faire le coup de feu, et dès lors jusqu'à soixante ans au moins, il peut être appelé chaque fois que la tribu a besoin de ses hommes de guerre.

Au milieu d'une population virile aussi bien préparée, le chef d'une tribu a donc bientôt trouvé, lorsqu'il en reçoit l'ordre, et sans beaucoup gêner la population, un grand nombre de cavaliers prêts à le suivre.

Ces contingents font eux-mêmes porter à leur suite, sur des mulets de bât, leurs vivres et tout ce qui leur est nécessaire pour camper.

Ils sont réunis pour une expédition, un coup de main, une opération déterminée, et rentrent ensuite dans leurs foyers.

C'est là une des obligations des sujets algériens envers l'autorité, c'est un précédent que nous avons trouvé établi de temps immémorial dans les mœurs arabes.

Les contingents des tribus ou fractions de tribu, sont commandés par les cheikhs, caïds, aghas, qui sont, comme on le sait, des chefs universels dans le pays. La réunion de tous les auxiliaires qui doivent accompagner une colonne ou agir isolément, est mise sous le commandement d'un grand personnage musulman, ou plus habituellement d'un officier du bureau arabe.

Tout groupe de ces cavaliers irréguliers, petit ou grand, est désigné sous le nom de goum. On dit le goum de tel cheikh, qui n'a cependant que huit ou dix chevaux derrière lui, aussi bien que le goum du caïd, de l'agha, de l'officier français.

C'est ici le lieu de placer quelques réflexions naturellement amenées par l'étude de la guerre arabe; les indigènes ont-ils du courage ?

L'affirmative n'est probablement aujourd'hui plus douteuse, pour ceux qui ont suivi les détails de la guerre de Crimée; mais tant de gens et de ceux précisément qui, ayant séjourné en Algérie, sont à même de donner des renseignements sur ce pays, répètent partout que l'Arabe fuit toujours et n'a aucune valeur guerrière, que je crois utile de consigner mes observations.

L'indigène a beaucoup de courage naturel, son âme bien trempée peut envisager sans faiblir les dangers les plus imminents, les preuves en sont partout dans la vie arabe. Sur vingt hommes réunis, prenez-en dix, quinze et faites-vous raconter, si vous en avez la patience, toute leur vie passée; vous serez étonné de cette série d'accidents, de cas périlleux dont le moindre certainement inquiéterait beaucoup la plupart de nos campagnards ou de nos citadins.

Dès son enfance, le musulman de l'Algérie se trouve dans un milieu, où à chaque instant, il y a, en quelque sorte, pour lui un danger à redouter; aussi acquiert-il de bonne heure un grand courage personnel, c'est-à-dire que seul, dans un dédale compliqué de périls dont il doit se tirer, il ne s'affaisse pas, ne s'alarme nullement et trouve en lui-même les ressources suffisantes pour faire face aux circonstances. C'est là même, je crois, un avantage qu'il a sur nous en général ; car, en France, un homme pris au hasard et qui serait transporté brusquement et seul, dans une situation périlleuse, perdrait facilement toute assurance; parmi nos soldats même, il n'en est pas un grand nombre, qui, placés isolément dans les cas susdits, se montreraient prêts à la lutte; car, ce qui fait surtout l'excellence de nos troupes, c'est ce qu'on appelle le tact des coudes, l'émulation, l'amour-propre ; et tous ces soutiens font défaut à l'homme isolé.

Mais comment concilier ce grand courage des indigènes, avec les cas très-nombreux, où, lors de la lutte journalière qu'ils avaient contre nous, à l'époque où surgissait à chaque instant une *levée de fusils* (expression arabe), on les voyait toujours fuyant, ne défendant à outrance aucune position même bonne, n'attaquant jamais résolûment un poste que nous défendions. L'explication est bien simple, il suffit de réfléchir un peu pour la comprendre ; l'Arabe ne connaît pas le point d'honneur ; ce sentiment que nous a laissé la chevalerie, lui est tout à fait étranger.

Ainsi, dans la pratique de la guerre, l'Arabe juge à l'apparence d'une affaire, qu'il ne peut avoir le dessus ; il fuit, et se conserve pour des occasions meilleures ; or, il paraît que ces dernières ne se sont pas présentées souvent pour lui, vis-à-vis de nous ; quoique cependant il y ait bien eu par-ci, par-là, quelques fractions de colonne, rudement traitées par les infidèles, et même des combats acharnés, notamment une rencontre avec les réguliers de l'émir, dont je ne me rappelle plus les détails précis, si ce n'est, toutefois que les soldats rouges d'Abd-el-Kader venaient sur le versant d'une montagne où notre cavalerie était embarrassée, tirer par la queue les chevaux des soldats français, et combattre corps à corps avec ces derniers. Ceux qui avaient assisté à cette affaire, avaient conservé une grande estime de la valeur musulmane.

Pour nous, élevés avec les idées les plus rigoureuses sur les exigences du point d'honneur, nous qualifions infailliblement de lâcheté, la façon habituelle d'agir de nos ennemis africains ; et cependant, il n'y a pas chez eux défaillance de cœur, il n'y a que logique, simple bon sens ; et cela est si vrai, que par la manière dont il nous a combattus, l'indigène a fait durer la lutte aussi longtemps qu'elle pouvait réellement se soutenir, et a même été, au dire des hommes politiques, sur le point de dégoûter la France de sa conquête ; tandis que sous l'influence de nos sentiments, les choses eussent été bien simplifiées ; après quelques batailles acharnées, les habitants de l'Algérie eussent été sinon anéantis, au moins réduits à l'impuissance pour de longues années.

Je le répète, le musulman de nos possessions africaines, est doué de courage, au plus haut point ; il ne faiblit pas dans les circonstances critiques ; ainsi, par exemple, lorsqu'il juge toute retraite impossible, qu'il ne s'agit plus pour lui que de faire payer chèrement sa mort, il est plein de résolution ; et je me rappelle souvent à ce sujet, le récit d'une journée de combat, dans laquelle des indigènes cernés au sommet d'un rocher à pic, et privés de tout moyen de fuite, donnèrent des preuves d'une remarquable intrépidité. La plupart se défendirent avec vigueur jusqu'à ce qu'ils reçussent le coup mortel ; mais, quelques-uns, animés d'une résolution sublime, se précipitèrent chacun sur un des assaillants, qui étaient des chasseurs à pied, et les enlaçant dans leurs bras, les entraînèrent avec eux dans les précipices, devançant ainsi la mort, de leur propre gré, mais la donnant du moins à un ennemi.

Il ne faut pas oublier non plus, que dans sa lutte avec nous l'indigène n'avait ni organisation, ni discipline, ces excellents ressorts au moyen desquels vingt bons soldats en maintiennent et entraînent cent médiocres. Aussi le jour où l'on a institué sérieusement des corps de troupes indigènes, avec de bons officiers français; le jour où on leur a fait comprendre nos sentiments d'honneur militaire, nous avons vu les tirailleurs algériens rivaliser avec nos soldats, non-seulement sur le territoire africain, ce qui ne paraîtrait pas étonnant, mais en Crimée même, dans une guerre bien autrement terrible.

Sous ce rapport donc encore, je suis heureux de faire voir que ce peuple intéressant est tout disposé à accepter nos idées, si nous savons les lui présenter d'une façon convenable.

Je n'ai pas commandé de goum dans de longues opérations, à de grandes distances, telles que celles qui se pratiquent dans les parties méridionales de l'Algérie, le pays des oasis et des populations nomades; mais souvent et dans des circonstances assez difficiles, j'ai dirigé quelques-uns de ces groupes de cavaliers et fantassins auxiliaires, et voici ce que l'expérience de ces commandements m'a fait reconnaître.

D'une troupe irrégulière indigène, on doit exiger fort peu de choses, mais que ce soit les choses essentielles, et dans ce cas, employer une grande énergie, s'il le faut, pour les obtenir. J'ai vu des officiers trop habitués à nos coutumes militaires, vouloir prescrire des détails minutieux et inutiles, échouer contre l'inertie inévitable de leurs gens, et se mettre ensuite dans des accès de colère d'autant plus ridicules, qu'ils étaient motivés, aux yeux de tous, par des causes excessivement futiles. Avec de semblables dispositions on réussit rarement à bien mener un goum. En se bornant au contraire à exiger un ordre de marche, qui laisse une certaine latitude aux individus sans gêner l'ensemble des opérations, en donnant quelques indications bien nettes, sur le mode de camper, d'abreuver les bêtes, de faire le fourrage et le bois, de se garder, en évitant de fatiguer son monde par de perpétuelles recommandations, on obtient tous les résultats possibles avec ces sortes de troupes.

Il n'est pas sans importance pour le chef de ces contingents, d'avoir de beaux chevaux, de s'être acquis une réputation de hardi cavalier (*moulei chabir*, maître de l'éperon), et d'avoir déjà accompli quelque action de guerre, que les partisans du Prophète puissent citer avec leur emphase naturelle.

En dehors de toutes ces conditions, la précaution la

plus essentielle, je crois, pour bien mener à fin une opéraion de quelque durée, c'est de connaître parfaitement par soi-même ou par renseignement, le pays dans lequel on doit agir.

Un examen attentif de la plupart des entreprises faites par nous et qui ont eu des résultats malheureux, m'a presque toujours fait reconnaître que la cause principale de ces échecs était dans l'ignorance des chefs, relativement au terrain qu'ils avaient à parcourir. Cette observation me donnait la clef de toutes les fautes commises, et me faisait comprendre comment telle série de positions n'avait pas été occupée, comment à un moment donné la troupe agissante avait été cernée sans pouvoir le pressentir, et accablée sans espoir de secours, sans possibilité de retraite. Et cela, non-seulement pour les événements qui se sont passés de nos jours, mais pour tous ceux des temps passés, sur lesquels j'ai pu avoir quelques données, notamment en ce qui concerne les armées turques et espagnoles.

Lorsque l'on n'a pas vu une région par soi-même, il est difficile de se la faire expliquer par les indigènes qui sont tout à fait incapables de tracer des indications sur le papier; il faut alors avoir recours à des moyens tout primitifs. On peut sur le sol même, en fixant d'avance quelques points principaux, se faire indiquer les mouvements de terrain, en se servant de tous les objets que l'on peut avoir sous la main, et qui représenteront les cours d'eau, les montagnes, les collines, les bois, etc.

Dans ce cas, on ne saurait mettre trop de patience dans les explications à demander, et il faut avoir soin de faire recommencer à nouveau la démonstration par plusieurs individus appelés exprès de divers côtés. Il arrivera encore malgré cela, que bien souvent la vue du pays modifiera grandement les images que l'on s'en était créées; tel défilé que l'on aurait cru inquiétant, n'est point dangereux, tel autre passage qui semblait devoir être facile, est périlleux à franchir.

J'ai failli payer cher, sous l'injonction d'un de mes chefs, l'inobservance des précautions que je viens d'indiquer.

L'officier en question, commandant de cercle, venait de conduire quelques troupes de renfort à une colonne expéditionnaire, et nous revenions ensemble avec une cinquantaine de cavaliers et malencontreusement une vingtaine de bêtes de somme chargées. Nous étions sur un point de la frontière même, alors un peu en émoi; et le parti le plus sage pour nous était de rentrer au plus vite au milieu de nos tribus soumises. Mais le commandant eut l'idée, sous prétexte d'étudier un projet de route stratégique à proposer au général, de nous faire faire parallèlement à la frontière, et dans un pâté de montagnes, une marche peu rassurante.

— « Je connais le pays, disait-il, je l'ai déjà parcouru une fois, ce sera l'affaire de trois heures au plus, il n'y a rien à craindre.

— » Mais, avais-je beau répliquer, songez donc, combien nous avons de ravins à traverser, de montagnes à couper; si nous sommes attaqués à mi-chemin, si nous avons des blessés, nous qui déjà conduisons un petit convoi de bêtes de somme, quel ne sera pas notre embarras?...

— » Le pays est abandonné, les tribus qui l'habitaient, viennent, vous le savez bien, d'émigrer.

— » Raison de plus, insistai-je, sur ce territoire, où il n'y a plus ni douars ni troupeaux pour la sécurité desquels la population ait à craindre, il y a bien certainement au sommet des pitons, quelques jeunes gens armés, curieux de voir ce qui se passe, pour en rendre compte à leurs frères; si nous sommes aperçus, il est possible que signal en soit donné, et que nous soyons assaillis dans une mauvaise position.

— » Ah bah! nous avons de la poudre, et vos objections m'étonnent de vous, qui dernièrement avez fait tel coup, et puis tel autre bien plus dangereux.

— » Ne le croyez pas, ce que j'ai fait qui vous paraît si extraordinaire, et qui en effet pour beaucoup d'autres officiers eût été impossible, vous semblerait moins difficile, si vous connaissiez toute la série de précautions, de renseignements, d'indices certains que j'avais à ma disposition. La place d'un douar, d'une tente, la présence ou l'absence d'un individu, la réunion des troupeaux à un endroit plutôt qu'à un autre, et d'autres signes encore étaient pour moi des avis précieux ; j'avais de plus, des moyens d'action sur la population, et la possibilité, par exemple, de faire attirer les fractions hostiles, sur un point, loin duquel je passerais, tandis que les groupes amis avaient leurs contingents en mesure de me soutenir sur d'autres positions convenues à l'avance; en un mot, j'avais beaucoup de chances assurées de mon côté, dans la partie que je jouais. Ce n'est qu'à la condition d'avoir prévu toutes les difficultés et d'y avoir paré, que l'on peut tenter des coups qui paraissent ensuite très-hardis. Ici, rien de semblable, nous nous jetons en aveugles dans l'inconnu, votre détermination m'effraie...

— » Allons, allons, il faut être plus aventureux, marchons ! »

Il faut dire que ce chef était un de ces officiers, doués du reste de certaines qualités, mais pleins d'une confiance exagérée, gâtés par la facilité constante que donne l'exercice du pouvoir militaire dans l'exécution des choses ordinaires, et entre les mains desquels une troupe est fort exposée.

Gestes et regards, tout semble indiquer dans leur personne impérieuse des dispositions précieuses pour le commandement, et cela est vrai du reste pour les circonstances habituelles, mais l'impression n'est plus la même, lorsqu'on les a vus aux prises avec de périlleuses difficultés.

J'ai fait cette observation, et beaucoup d'autres militaires, ainsi que moi, dans maintes occasions.

La marche commence enfin, j'étais très-soucieux, mon chef au contraire toujours plein d'assurance, se montrait légèrement railleur. Pendant une heure environ, aucun incident ne se produit, le pays était très-accidenté, mais désert; nous franchissons tranquillement quelques mouvements de terrain, lorsque tout à coup un petit berger qui se trouvait au fond d'une vallée très-verte, en compagnie de quelques ânes qu'il faisait pâturer, s'effraie à la vue des burnouss rouges, et se sauve en abandonnant ses bêtes et criant de toutes ses forces.

Au même instant, sur un mamelon éloigné un autre jeune homme pousse des cris aigus. On sait que les gens de montagne ont une façon de vociférer qui leur est particulière et qui s'entend de très-loin ; ce jour là, le temps était très-calme, et je ne sais par quelle circonstance atmosphérique malheureuse pour nous, les sons répercutés par de nombreux échos parcouraient le pays, pleins de vibration.

Le commandant comprit aussitôt la faute commise ; ce jeune homme impatientant, que l'on ne pouvait atteindre, allait peut-être faire arriver contre nous de nombreux agresseurs, et dans ce cas, quelle fin absurde nous allions faire!

On pressa la marche, mon chef avait perdu tout esprit de raillerie. Les cris continuaient toujours ; bien mieux, sur un autre sommet, ce fut une vieille femme qui vint se mettre de la partie ; cette satanée sorcière avait la voix encore plus stridente que celle du jeune homme. Nous étions impatientés et irrités au dernier point par ces appels pleins d'une féroce exaltation.

Enfin, un, deux, plusieurs coups de fusils sont dirigés sur nous, mais hors de portée et sans qu'on puisse distinguer les tireurs. A quelques minutes d'intervalle, d'autres coups de feu retentissent un peu plus près de nous : cette fois, les balles passent en gémissant (1) sur nos têtes.

Je suis de ceux qui s'inquiètent bien plus avant l'arrivée des événements qu'ils prévoient, qu'une fois en présence de ces événements. Mon chef avait les dispositions

---

(1) Je dis, *gémissant*, avec intention. Les personnes qui ont combattu les Arabes, ont dû remarquer, que quelquefois leurs balles font entendre des sons qui ressemblent à des plaintes ; ce qui tient dans ce cas, au peu de sphéricité du projectile, et à des points laissés en saillie sur sa surface.

contraires; le voilà en ce moment véritablement bouleversé, parce qu'en outre du danger personnel, il y a surtout pour lui, la responsabilité. Il avait pâli légèrement, et abandonné tout à fait ses façons olympiennes, je m'étais senti, par contre, naître de la résolution, de l'entrain, les rôles étaient changés; par la force des choses, je devenais le chef véritable de la petite troupe.

— Voyons vite, mon cher, me dit le commandant, nous n'avons pas de temps à perdre, qu'allons-nous faire, vous qui avez l'habitude de ces situations, que pensez-vous?

— Il faut faire la part du feu; vous allez partir le plus promptement possible, avec le gros de la troupe et le convoi; je vais rester en arrière, avec les huit ou dix cavaliers les plus braves, que je vais désigner moi-même; s'il se fait des rassemblements, nous tâcherons de les attirer sur nous, et nous tiendrons le plus possible, pour vous donner le temps de vous tirer de ce guêpier...

— Ce n'est pas le beau rôle que vous me faites jouer là?

— Certainement, mais vous êtes le chef, et s'il doit rester quelqu'un ici, il vaut mieux que ce soit moi et quelques cavaliers, que la troupe entière et surtout vous; songez à l'effet produit à Alger, en France. Allez-vous-en promptement et surtout ne vous arrêtez pas, ne revenez pas, quoi qu'il arrive.

L'ensemble de la troupe prit les devants; et moi et mes dix hommes restés en arrière nous commençâmes à nous retirer lentement, en fouillant le terrain, pour laisser de suite une grande distance entre nous et nos camarades.

Après avoir passé un ruisseau, nous prenons position sur un joli petit tertre, il me semble le voir encore; le commandant et son monde étaient à peine à un quar de lieue, lorsque tout à coup des balles assez nombreuses nous arrivent des buissons environnants. Deux de nos chevaux sont blessés, et pour comble de contrariété, aux jambes; plusieurs burnouss sont troués, j'ai un de ces énormes chapeaux de paille à l'arabe, éraflé.

Décidément la position empire; nous sommes cependant résolus à jouer notre rôle jusqu'au bout; une moitié de mes cavaliers reste en position, l'autre fouille les environs, mais on ne rencontre personne, et nous nous retirons d'autant plus lentement que deux de nos chevaux boitaient.

Sur ces entrefaites, le commandant au bruit des détonations n'avait pu maîtriser cette voix intérieure qui crie à tout homme de guerre qui entend la poudre de s'y porter; il arrivait à toute bride avec des cavaliers de renfort Dès lors le restant de la troupe, inquiet de ce qui allait survenir, ne s'en allait plus qu'à petits pas, et regardan toujours derrière soi. La combinaison que j'avais fait prévaloir était manquée; il devenait certain maintenant qu'en cas d'attaque sérieuse, nous serions à peu près tous détruits.

Fort heureusement, nous ne vîmes plus rien, les quelques montagnards qui nous avaient assaillis, et qui étaient sans doute les seuls à portée d'entendre les cris de la vieille femme et du jeune homme, n'avaient probablement pas de munitions pour recharger leurs armes. Nous revînmes sans encombre, ramenant même les ânes du petit berger et quelques autres bêtes que nous trouvâmes en route.

On a souvent eu occasion de lire dans les relations ou bulletins, la manière dont se fait une razzia ou coup de main sur des tribus; les dispositions prises, la marche, le combat, le succès sont généralement expliqués; pour éviter les redites je donnerai seulement quelques détails sur le retour d'une grande razzia, fait peu décrit habituellement.

Ces retours sont faciles dans les immenses plaines du Sud, mais il n'en est pas de même dans les pays de montagnes, et lorsqu'on est à proximité de l'ennemi; j'ai observé par moi-même, que ramener, dans ces conditions, de nombreux troupeaux était une rude besogne.

Après avoir fait, avec beaucoup de bonheur, à la tête

de 4 ou 500 auxiliaires du pays, la plupart à pied, une razzia considérable sur un grand nombre de troupeaux ennemis, que je savais devoir être réunis un certain jour, sur un point connu de moi, je fus fort désappointé de voir, une fois la retraite commencée, la lenteur et les embarras de la marche. Dans ces sentiers de montagne, le bétail tenait un espace considérable; la tête du convoi était déjà à l'abri, en pays sûr, là où il était convenu que l'on conduirait la prise, que la queue de la colonne était encore, presque sur le terrain de la razzia, c'est-à-dire à plus de trois lieues.

Je restai, on le pense bien, avec les hommes d'élite, à l'arrière-garde, là, où pouvait se présenter le danger, mais j'étais informé à chaque instant de ce qui se passait en avant; les bêtes provenant de troupeaux différents étaient difficiles à conduire; les capteurs excités par l'action de l'enlèvement et l'appât d'un gain considérable, étaient dans une grande exaltation; il en résultait des clameurs qui, mêlées aux bêlements des moutons, aux beuglements des bœufs, lesquels, dans ces circonstances, semblent ainsi protester par leurs cris contre des événements inaccoutumés, entretenaient un désordre peu rassurant. Les hommes chargés de conduire la prise, après avoir coupé la queue des bœufs retardataires, ce qui est un moyen de les exciter à la marche, à bout de cette ressource, lâchent à chaque moment des coups de fusil, ce qui est encore un autre procédé pour faire avancer le bétail.

Toutes ces causes diverses occasionnaient un tel désarroi, que, si des attaques sérieuses fussent tombées sur nos flancs, nous eussions certainement perdu beaucoup d'hommes et une grande partie de la prise. Bien que très-assuré des derrières de la colonne, que je protégeais par une retraite régulière de position en position, j'étais fort inquiet des accidents qui pouvaient survenir sur d'autres points, et j'en conclus, pour nos opérations futures, qu'indépendamment des mesures à prendre pour le succès d'une razzia, il fallait encore se préoccuper d'avance des moyens de la ramener. Dans le cas dont il s'agit, nous n'eûmes heureusement à essuyer que quelques coups de fusil de protestation, mais point de tentative énergique de la part de l'ennemi.

Comme exemple d'une surprise à opérer sur un ennemi à proximité duquel on se trouve, j'ai en souvenir un petit coup de main, dont le narré sera comme l'énumération des diverses précautions à observer en pareil cas.

Les troupeaux sont à peu près les seuls intérêts considérables et saisissables des tribus; les leur enlever peut avoir autant d'importance pour la suite des évènements, que, dans une guerre européenne, la prise des villes. Or, j'étais informé que des fractions de tribu, étrangères et même hostiles, de notre frontière, faisaient pâturer leurs bestiaux, dans une certaine plaine, située dans la zone douteuse qui longe nos limites, et pour des raisons trop longues à expliquer ici, j'en vins à décider qu'il fallait faire sur ces groupes de populations, un coup propre à leur inspirer plus de circonspection. D'autre part, la situation des tribus limitrophes était telle, que, charger un chef indigène de la conduite du coup de main, c'était ou faire échouer la tentative, ou amener une conflagration trop considérable; et ce n'était pas ce que je voulais; je désirais seulement faire arriver une sorte d'avertissement vigoureux de l'autorité.

Les pâturages en question étaient à sept ou huit lieues du chef-lieu de mon cercle; à mi-distance, j'avais dans un douar une quinzaine de cavaliers soldés pour le service du commandement.

J'envoyai pendant plusieurs jours de suite, et sous divers prétextes, un indigène, à moi, d'une tribu étrangère au cercle, ayant tout intérêt à nous bien servir, et qui avait du reste fait ses preuves, prendre des renseignements, et voir par ses yeux la marche et l'emplacement habituel du bétail convoité, puis un soir, vers dix heures, sans avoir prévenu à l'avance mon individu, je lui fis dire de monter à cheval, et de m'accompagner, lui prescrivant de me conduire à travers bois, par un sentier détourné, au douar des cavaliers dont j'ai parlé plus haut.

Cette marche nocturne ne fut pas une des épreuves les moins dangereuses de ma vie d'Afrique; à chaque instant ma tête buttait contre les branches d'arbres, mes jambes frappaient contre les troncs; mais enfin, nos chevaux tenus en éveil par le voisinage des bêtes fauves dont ils sentaient les traces, ne démentirent pas les qualités précieuses de cette race barbe si adroite et si intelligente, et ils nous tirèrent d'embarras.

Vers une heure du matin, nous arrivons chez mes cavaliers; je les fais éveiller l'un après l'autre, et monter aussitôt à cheval, en leur annonçant sous le sceau du secret, un coup de main à exécuter sur une tribu qui avait donné lieu à notre mécontentement, mais qui se trouvait dans une direction autre que celle que nous devions suivre.

J'eus encore le soin d'ordonner que mes hommes ne montassent que des chevaux; la présence des juments dans le goum pouvant faire naître des hennissements dénonciateurs.

Nous nous mettons en marche dans la direction annoncée d'abord, puis, à un quart de lieue environ,

12.

quand je n'ai plus à craindre d'indiscrétion, je fais faire un crochet bien prononcé et nous nous dirigeons sur la population que je voulais punir. Mes cavaliers comprirent aussitôt ce dont il s'agissait, et ne purent s'empêcher, tout en approuvant, de sourire de la façon dont l'entreprise était menée.

Vers quatre ou cinq heures du matin, longtemps avant le jour, car nous étions en hiver, nous nous mettons à l'abri sous un petit bois, dans un pli de terrain, qui nous cachait complétement, et où nous étions à proximité des lieux sur lesquels nous avions à agir. Je fis mettre pied à terre à tout le monde autour de moi, et je plaçai en vedette, sur le point culminant, accroupi derrière un buisson, mon confident, celui qui était venu reconnaître l'emplacement et sur les indications duquel j'avais arrêté l'installation de l'embuscade.

Cet homme avait une de ces vues extraordinaires, comme on en rencontre chez les indigènes, parmi lesquels on trouve quelquefois des individus qui voient aussi bien avec leurs yeux que nous avec nos lunettes d'approche. Lorsqu'on parcourt l'horizon avec un de ces instruments d'optique, et qu'on croit fort étonner son entourage, en disant : « Je vois là-bas un groupe d'individus; » l'on n'est pas peu surpris d'entendre dire près de soi : « Ah! oui, vraiment, à côté de tel accident de terrain; ces individus portent le haïk et le burnouss de telle ou telle façon, ils marchent dans telle direction, ils vont à tel marché, faire telle provision, etc. »

Au petit jour, mon éclaireur prévient qu'il voit briller quelques fusils; ce sont ceux des jeunes gens qui viennent habituellement en avant pour voir ce qui se passe, et s'assurer que rien n'indique un danger. Et, en effet, quelque temps après, les bestiaux commencent à déboucher dans la plaine. Je fais monter à cheval, et quand un des troupeaux est au point où je le voulais voir arriver, pour l'enlever, hop! nous partons au trot, puis au galop, pour ne plus le quitter jusqu'à ce que tout soit fini. Atteindre le troupeau désigné, le cerner, l'entraîner en prenant la direction de nos tribus, fut l'affaire de quelques instants. Des coups de fusil se font entendre derrière nous, nous n'y répondons pas, l'important est de sortir au plus vite du terrain sur lequel nous sommes, le succès dépend de la vitesse.

Nous arrivions sur le territoire de nos tribus, lorsqu'accourent sur nos flancs de nombreux groupes armés qui nous couchent en joue; heureusement mes cavaliers ont reconnu les assaillants : « Que faites-vous, enfants,
» s'écrient-ils, sans tarder, c'est notre chef, si Gouni,
» (mon nom arabisé), et nous, nous sommes vos
» frères. »

C'étaient en effet des gens de nos douars, qui, aux premiers coups de fusil entendus, étaient accourus voir ce qui se passait, et nous apercevant lancés au galop, avaient cru à une attaque de l'ennemi. Cette circonstance, du reste, n'était pas faite pour encourager une poursuite à outrance de la part des individus que nous venions de punir ; nous avions même trop d'avance pour être atteints ; le coup avait parfaitement réussi.

Je viens de parler de mon éclaireur ; c'est l'occasion de rappeler un fait qui le concerne ; il m'avait communiqué un certain jour une très-bonne idée, c'était de profiter d'une de ces journées franchement pluvieuses, pendant lesquelles il est évident que l'eau ne cessera pas de tomber, pour fondre avec une cinquantaine de cavaliers armés de fusils à percussion, sur une tribu ennemie et de la razzer à fond, sans s'inquiéter du nombre de ses défenseurs qui munis de fusils à pierre, seraient presque dans l'impossibilité de nous nuire. J'avais jugé le coup très-faisable, et je ne me rappelle plus quels motifs nous empêchèrent de mettre ce projet à exécution.

Les montagnards de mon cercle aimaient beaucoup la guerre, mais réduite à de petites proportions, et faite avec cet esprit que j'ai déjà signalé, et qui fait que l'état d'hostilité se perpétue, parce que le parti qui voit l'affaire tourner à son désavantage, cède aussitôt, quitte à tenter la fortune plus tard; et c'est toujours à recommencer.

J'ai assisté à plusieurs de leurs combats, j'en ai dirigé un entre autres qui m'a laissé de vifs souvenirs, parce que le succès se fit longtemps attendre pour nous. Une tribu de mon commandement était attaquée par une quantité considérable d'ennemis venus de fort loin, et réunis en une sorte de ligue contre le développement que prenait chaque jour notre influence sur la frontière. Je m'étais rendu en toute hâte au milieu de la population menacée, et au moment où commence mon récit, la situation était fort critique. Notre position sur le terrain, assez bonne du reste, était défendue par environ deux cents hommes embusqués derrière des broussailles et des fragments de rocher; les assaillants au nombre de douze ou quinze cents, occupaient un long pli du sol, d'où, accroupis contre des touffes d'arbustes ou des pierres, ils faisaient un feu très-nourri. Ils étaient dans la tenue de combat du pays, c'est-à-dire presque nus, vêtus seulement d'une sorte de grande chemise relevée entre les jambes, et serrée à la taille par une ceinture à laquelle étaient attachés des poignards ou couteaux de diverses dimensions; la cartouchière et le fusil complétaient l'armement, et une calotte graisseuse le vêtement.

La particularité la plus saillante de cette attaque consistait dans les cris féroces poussés par les agresseurs suivant une certaine mesure bizarre et sauvage, et il y avait assurément dans ces clameurs de quoi intimider de nouveaux débarqués. Mes gens se contentaient de se maintenir, attentifs à ne négliger aucune précaution, à ne découvrir aucune partie de leur position; nous attendions ensemble pour prendre l'offensive l'arrivée des contingents que le bruit de la poudre devait amener, et, nos ennemis de leur côté continuaient à tirailler en criant, décidés à ne marcher en avant que lorsqu'ils auraient vu chez nous un commencement de désordre, un mouvement de retraite, ou une maladresse quelconque.

Enfin, les guerriers des fractions voisines commencèrent à arriver; quand il y en eut un nombre suffisant, j'ordonnai l'attaque et ce fut au tour de mes montagnards à pousser les cris de guerre. Je fis passer tout mon monde sur la droite de l'ennemi, avec l'intention marquée d'occuper une ligne de mamelons sur ses flancs et ses derrières. Le mouvement se dessina avec beaucoup de résolution, et j'eus alors l'occasion de remarquer mieux que je ne l'avais jamais pu faire, combien les habitants de ce pays étaient habiles à profiter de la moindre sinuosité de terrain pour se couvrir, et arriver en tapinois aux points stratégiques des différentes positions ; sur un versant qui, à l'œil, me paraissait très-uni, ils trouvaient le moyen de s'étendre en longs rubans, presque à couvert des feux ennemis. Le parti opposé en faisait autant de son côté, et je me trouvai pendant un moment, au milieu d'une atmosphère de poudre, de bruits enivrants de détonnations, de clameurs. C'est un de ces rares instants de bonheur, que l'on désire quelquefois bien longtemps, avant de pouvoir les rencontrer. La vie semble plus complète, peut-être parce qu'on est exposé à la perdre d'une minute à l'autre, l'air semble meilleur et plus pur, le cœur se dilate, les poumons fonctionnent plus librement.

Ce petit combat, au point où nous en sommes, ne resta pas longtemps douteux ; dès que notre mouvement tournant avait été commencé, l'ennemi avait pensé à se retirer ; au moment où nous vîmes chez lui un peu de désordre, nous courûmes avec quelques cavaliers pour achever la déroute, et les assaillants disparurent de toute part. Il y eut, je crois, sept ou huit tués et une quinzaine de blessés chez les vaincus, et moitié moins de notre côté.

Je ne crois mieux pouvoir terminer cette partie de mes récits, que par l'esquisse d'un vieux *mekhrazeni* (serviteur de l'autorité).

Samou avait de cinquante à soixante ans, on le désignait

habituellement sous le nom du vieux Samou, parce que depuis plus de trente-cinq ans, il agissait toujours dans les mêmes régions, et que dans le pays personne n'avait exercé d'une manière aussi constante et aussi longtemps son rude métier. Il avait assisté à une quantité considérable de combats, opéré un nombre fabuleux de razzias, et, la carte du pays en main, il se trouvait que soit avant notre conquête, soit après, il avait eu à sévir sur toutes les fractions de tribus, et même sur presque toutes les familles; aussi avait-il beaucoup d'ennemis, et s'entourait-il dans sa vie privée de certaines précautions. Rien ne serait plus curieux que la biographie complète de ce personnage, j'en ai entendu quelques fragments par hasard dans les conversations, ce n'était qu'une suite de péripéties émouvantes; Samou avait son cheval tué ou blessé, et était obligé de fuir à pied au milieu du pays ennemi et à travers mille dangers, ou bien il était blessé lui-même, et se réfugiait avec peine dans quelque fourré; il traversait à la saison des pluies des rivières torrentueuses et était entraîné au loin, roulé, meurtri et plus qu'à moitié mort; échappé à une première embuscade, il avait à essuyer les attaques d'une seconde, et ainsi de suite pendant plus de trente ans.

Lorsque j'arrivai dans le cercle où se passait tout ce qui précède, Samou était le chef des cavaliers réguliers, mis à la disposition de l'autorité, et c'était bien le poste qui lui convînt ; je fis promptement connaissance avec lui et appréciai ses qualités, seulement il ne fallait le mettre que sur un ordre d'idées, razzias, tueries, emprisonnements.

A peine avais-je prononcé devant lui le nom d'une tribu, qu'il intervenait aussitôt en demandant, combien veux-tu de troupeaux ? combien d'ôtages ? pour quelle époque les faut-il ? et déjà il ruminait tous ses petits plans. C'était un homme uniquement d'action, mais très-bien doué sous ce dernier point de vue.

La première fois que j'eus à m'en servir sérieusement, comme je voulais arriver à diriger moi-même toutes les actions un peu importantes qui se feraient dans le pays, j'avais donné rendez-vous à Samou et à ses cavaliers, sur un point où je me promettais de le faire travailler en ma présence. Je le trouvai singulièrement accoutré, mais je compris de suite, à sa vue, tout ce que l'on m'avait déjà raconté du vieux serviteur.

Il avait pour tout vêtement un de ces petits cabans de bure, comme en portent les marins de la Méditerranée ; le capuchon de ce caban serré solidement autour de la tête avec une corde de chameau était sa seule coiffure, une ceinture et une cartouchière bien assujetties liaient le caban, au milieu du corps ; il n'avait pas de burnouss, ce vêtement si indispensable du musulman qu'on a fait sur lui ce dicton :

> Meslem bla burnouss,
> Ki kelb bla bassous.

C'est-à-dire :

> Un musulman sans burnouss,
> (est) Comme un chien sans queue.

Il n'avait pas non plus de pantalon, et sa chemise relevée sur la selle entre ses cuisses, laissait voir ses membres inférieurs nus jusqu'au-dessus du genou ; les pieds étaient à moitié chaussés de savates du pays ; il n'avait même pas d'éperons, mais les coins des étriers étaient tranchants et remplissaient le même but que les éperons, sans être embarrassants comme eux. C'était une longue expérience qui avait indiqué à Samou ce simple et commode accoutrement. Le cheval lui-même avait été soumis à je ne sais quel mode d'entraînement, il avait perdu son ventre du jour au lendemain.

Samou bien installé sur sa monture, les jambes très-pliées, à l'orientale, les genoux hauts, le corps droit, les épaules un peu penchées en avant ainsi que la tête comme il convient à un guetteur, l'œil préoccupé, fixe et avide, la figure noire et rude, sèche et maigre comme tout l'individu, mais bien fournie de muscles, le fusil verticalement et fièrement campé sur la cuisse droite, Samou avait tout l'aspect d'un grand oiseau de proie perché, et c'était bien le modèle le plus accompli du pirate de terre.

# LIVRE QUATRIÈME

## POLITIQUE

Nos antécédents politiques vis-à-vis des indigènes. — Effets de la loyauté. — Ma canne. — Retour de Miloud. — La fable du loup et de l'agneau, ou la razzia de pied ferme.

Au point de vue des relations politiques, la nation indigène de l'Algérie a, je crois, une détestable réputation. Les musulmans, pense-t-on, sont fins, faux et perfides autant que possible.

C'est encore là une erreur née de l'antagonisme des vainqueurs et des vaincus, et qui disparaît devant une observation des faits froide et raisonnée. Essayons de le faire comprendre.

Remarquons d'abord, qu'il n'y a eu entre nous et le peuple indigène que des stipulations partielles, conclues avec des groupes isolés de population; on ne trouve là, aucune de ces conventions générales, connues de tous, qui peuvent être considérées comme des traités. Le fameux pacte de la Tafna seul en a l'apparence, mais on sait que le jeune émir, tout-puissant pour nous faire la guerre et qui ne rencontrait que des adhésions sympathiques lorsqu'il s'agissait de nous combattre, éprouva de la résistance, dès qu'il voulut imposer un autre ordre de choses. Ainsi beaucoup de tribus lui dénièrent le droit de les avoir représentées, de s'être engagé pour elles, et se regardèrent comme étrangères aux arrangements pris par Abd-el-Kader, le marabout des Hachem. Mais, à suivre l'interprétation même du traité de la Tafna, on trouve qu'en effet les chefs musulmans ont pu se plaindre que nous-mêmes avions violé cette convention; beaucoup de nos avocats se chargeraient de gagner cette cause. Il y a surtout une clause, très-honorable sans doute pour nous, qui a toujours figuré dans les pactes écrits ou verbaux conclus avec les diverses tribus, et qui est toujours celle au moyen de laquelle les mahométans les premiers nous accusent de perfidie : c'est celle par laquelle les Français prennent l'engagement de respecter la religion, les mœurs et coutumes du peuple vaincu.

Or, il est facile de comprendre que toute innovation de notre part, toute initiative sur le territoire de la tribu, peut à la rigueur être considérée comme une violation de cette clause. De sorte que, dans le cas d'une insurrection, si d'une part, nous parlons de rébellion, trahison, les révoltés, eux, ne se font pas faute de nous accuser de perfidie, mensonge et autres moyens honteux, employés soi-disant par nous, pour arriver à une domination complète et bouleverser les coutumes traditionnelles.

Dans l'impossibilité où nous sommes de prendre une convention générale, connue de tous, pour sujets d'études, examinons comment, dans les détails de la conquête, se pratiquait la politique journalière. La manière dont j'ai vu procéder de 1848 à 1853, c'est-à-dire à une époque où les chefs, plus éclairés, avaient à leur disposition une plus grande quantité de notions acquises que précédemment, ne me laisse aucun doute sur ce qui se passait à plus forte raison antérieurement.

Une petite colonne, harassée de fatigue et de privations, finit par atteindre une tribu hostile et lui donne une leçon. Le chef français, voyant que pour beaucoup de raisons il ne peut tenir la campagne, et voulant cependant tirer le plus de fruit possible des faits accomplis, donne à entendre qu'au nom de la justice et de l'humanité, il veut bien pardonner et recevoir les vaincus à composition. La tribu, de son côté, ne demande pas mieux que de se soumettre à un arrangement qui commencera par la débarrasser de la présence des Français; cependant elle n'acceptera pas de conditions trop dures; elle va voir ce que propose le Roumi.

Des deux côtés donc on désire la paix, ou au moins une trêve; l'on sent de part et d'autre qu'il ne faut pas se montrer trop exigeant, de peur de tout compromettre, et après quelques pourparlers, voici ce qui se conclut verbalement :

En présence de tous les personnages marquants de la tribu, le chef français déclare, par l'intermédiaire d'un interprète, que le pardon est accordé pour tous les méfaits passés; que les fractions de tribu rentreront tranquillement sur leurs emplacements habituels et y vivront comme autrefois, avec les mêmes chefs, et sans qu'il soit porté atteinte à la religion et aux mœurs. Seulement les vaincus doivent se résigner à payer quelques contributions de guerre, et se soumettre à un impôt régulier.

Il ne se dit habituellement rien de plus; on évite d'entrer dans des détails, de préciser des faits, parce qu'on sent bien qu'en insistant, on ne s'entendrait plus. Des deux parts donc, il y a une arrière-pensée mauvaise.

De son côté, le commandant de la petite armée française est satisfait : il a tous les éléments de son bulletin;

il ne manque pas de faire ressortir les avantages obtenus sur la tribu susdite; il entre même dans des détails de mesures prétendues prescrites, dont il n'a pas seulement parlé aux vaincus, et cette portion du territoire passe désormais aux yeux de tous pour avoir accepté les conditions de la plus complète soumission.

Plus tard, ce même chef, ou mieux son successeur, qui s'est habitué à l'idée que les vaincus ont tout à fait accepté notre joug, se trouve, par la force des choses, amené à faire de l'autorité. La tribu inquiète se montre récalcitrante, et de là à la révolte il n'y a plus qu'un pas peu difficile à franchir; d'autant mieux que maintenant encore, et à plus forte raison était-ce vrai il y a quelques années, peu de chefs sont capables, dans un de ces moments critiques où la population indigène mécontente est prête à se soulever, de prendre les mesures efficaces pour apaiser l'agitation et ramener l'ordre.

La plupart du temps, les commandants de territoires ignorent l'état réel des esprits et la façon dont les choses se passent dans les douars; ils croient trop vite leur autorité compromise s'ils ne sévissent, et ils prescrivent habituellement des demi-mesures impuissantes pour arrêter le mal, mais très-propres à exalter l'irritation générale.

Enfin, la tribu lève le fusil, et c'est alors que chez

nous se répandent ces phrases de trahison, perfidie, appliquées à des populations coupables certainement à notre point de vue de la conquête, mais qui ont quelques droits aux circonstances atténuantes.

Au milieu de toutes ces considérations, il faut bien remarquer que toutes les affaires dont nous venons de parler se traitaient, surtout autrefois, par l'intermédiaire d'interprètes, et c'était encore là une cause de malentendu.

Le corps des interprètes, en effet, aujourd'hui entièrement bien composé, ne comptait primitivement que quelques fonctionnaires à la fois intelligents, instruits et honorables. Dans les petites colonnes chargées d'opérations actives, on voyait forcément, à une certaine époque, chargés de la mission délicate d'interpréter, des auxiliaires juifs ou maures de la plus infime classe, qui ne contribuèrent pas peu à faire croire de part et d'autre ce qui n'était pas.

Cette fonction d'intermédiaire entre le chef français, impatient, précis, et qui voudrait arriver promptement à une solution, et le musulman, plus long, plus habitué aux circonlocutions, aux phrases équivoques, est excessivement difficile à bien remplir, et c'est une particularité à faire valoir, lorsqu'on veut amener les esprits à comprendre que dans ces séries de soumissions et de révoltes, qui n'ont pour le public d'autre explication que la perfidie des Arabes, il y a une foule de faits qu'il faudrait examiner avant de se prononcer.

Notre conquête pied à pied du vaste territoire algérien a, du reste, amené sur certains points une suite d'évènements qui doivent exciter notre commisération plutôt que notre indignation vis-à-vis des vaincus.

Dans la province d'Oran, au sud de nos postes, sur la lisière du Tell et du Sahara, de malheureuses tribus ont éprouvé, de 1842 à 1846, une série de désastres pénibles à rappeler. Ces infortunées populations étaient généralement razziées deux ou trois fois par an, soit par nous, soit par l'émir.

Les Français tombaient sur elles à l'improviste et les châtiaient, en disant :

— Vous avez reçu Abd-el-Kader ; il a pris chez vous des renforts, il s'est approvisionné dans vos douars. Nous vous infligeons telle punition, et si vous recommencez, nous redoublerons.

— Mais, hasardaient-elles, comment voulez-vous que nous résistions à l'émir ? Il est plus fort que nous. Quand il s'approchera, nous vous préviendrons ; venez alors à notre secours.

— Point du tout : c'est à vous de prendre vos mesures, et aux premières nouvelles de vous réfugier au plus vite à l'abri de nos postes, abandonnant cultures et tout ce que vous ne pouvez transporter.

Quelque temps après, c'est au tour de l'émir de se précipiter, irrité, sur ses coréligionnaires :

— Vous avez reçu le chrétien, disait-il, vous en serez puni pour l'exemple des musulmans.

Et la tribu de protester de son dévouement et de donner au fils de Mahi-Eddin tout ce qu'il pouvait désirer. Il n'est pas douteux qu'en présence du héros national, de ce jeune homme qui réunissait en lui les qualités qui exercent le plus de prestige sur les indigènes : beauté, distinction, dignité naturelle, caractère religieux et guerrier, grâce et habileté à cheval, éloquence, sentiments élevés, les tribus se sentaient émues au plus profond de leur cœur, et lui prodiguaient toutes leurs ressources; mais souvent elles ne l'appelaient pas, elles auraient voulu se trouver hors de sa portée, et elles n'en étaient pas moins, par leur position sur le sol, fatalement exposées à des visites compromettantes.

A l'apparition de l'émir succédait la nôtre, et ainsi de suite. C'étaient là les conséquences fâcheuses de notre établissement en Algérie, et je ne puis en accuser nos chefs; je proteste seulement contre les termes trop fréquents de trahison dont ils qualifiaient la conduite des tribus mentionnées, et l'impression mauvaise qui en est restée dans l'opinion générale, pour la physionomie indigène.

J'ai observé, au contraire, de mon côté, dans mes fonctions de chef des affaires arabes, à proximité de populations hostiles, qu'il y avait dans le caractère des gens du pays un sentiment réel de bonne foi qui ne fait pas défaut lorsqu'on sait l'exciter. Je m'étais acquis une certaine réputation de sûreté de parole, et, dans des relations difficiles à établir, faute d'une base quelconque reconnue des deux côtés, c'était mon témoignage qui avait fini par en servir. Mon assertion suffisait presque toujours pour fixer les faits préliminaires sur lesquels roulaient ensuite les discussions et appréciations diverses.

Cette confiance des montagnards dans ma parole produisit un jour un trait assez saillant de mœurs locales.

Une colonne commandée par un colonel se promenait dans mon cercle, sur la frontière, amenée dans le pays par suite de l'état d'hostilité de quelques fractions de tribus étrangères. Le commandant en chef avait essayé, à mon insu, de faire venir près de lui, pour s'entendre sur un arrangement, les divers personnages marquants de ces populations, en leur promettant qu'ils pourraient en tout cas se retirer sains et saufs.

Ces individus répondirent aussitôt qu'ils ne connais-

saient en fait de Français, que Cid Gouni, et qu'ils ne se
présenteraient qu'avec un gage de lui. Le colonel, assez
fâcheusement étonné, me fit mander et m'invita à prendre les mesures nécessaires pour obtenir ce qu'il voulait,
puisque ces moyens étaient à ma disposition *seule*.

J'envoyai une lettre avec mon cachet et ma canne,
gros jonc que je portais ordinairement dans mes courses,
et qui était bien connu dans les montagnes. Le lendemain, les gens mandés arrivèrent, le premier portant
cérémonieusement ma canne par le milieu et à hauteur
de la tête ; ils ne voulurent se rendre nulle part d'abord
qu'à ma tente, d'où je les conduisis au commandant de la
colonne.

Plus tard, et dans d'autres circonstances, j'eus occasion
de constater par un fait plus saillant encore des sentiments réels de bonne foi et de loyauté.

Un nommé Miloud, jeune et beau cavalier de la frontière, dont je connaissais la droiture de caractère, avait
des parents éloignés, émigrés chez l'ennemi, et en état
d'hostilité avec nos tribus.

Cette position délicate, jointe à la jalousie qu'excitaient chez ses rivaux les succès de tout genre du jeune
Miloud, amenait constamment des dénonciations dans
lesquelles celui-ci était représenté comme un homme
hostile, complotant d'une manière constante avec l'en-

nemi. Miloud était donc l'objet d'une surveillance plus apparente que réelle, qui était prescrite envers lui comme envers d'autres plus sujets à caution, et pour ne pas donner tort à la vigilance constamment recommandée à nos chefs et agents indigènes.

Il vint un moment cependant où cette surveillance prit, à mon insu, à l'égard de Miloud, un caractère irritant. On ne cessait de lui répéter de diverses parts qu'il était sérieusement dénoncé au bureau arabe, et qu'il allait être sans doute châtié d'une façon exemplaire. Des circonstances extérieures donnaient à ces propos un cachet de vérité. Bref, un matin, j'appris que Miloud avait passé la frontière avec sa petite famille, laissant toutefois sa tente et ses troupeaux. Je mis ceux-ci en garde chez un cheikh, et je ne fis paraître aucune irritation de ce qui était arrivé, attendant plus ample information; je ne pouvais croire à l'entière culpabilité de Miloud, et je ne voulais pas me hâter de formuler un jugement qui aurait rendu tout retour impossible, et donné pour toujours à nos ennemis un brave cavalier qu'auraient suivi avec plaisir un grand nombre de partisans.

J'ai dit que j'avais dans les antécédents de Miloud les preuves d'une notable loyauté et générosité de cœur. Une fois entre autres, je me rappelle que l'ayant envoyé, sur de pressantes dénonciations, lui et quelque[s] autres individus de sa tribu, au chef-lieu de la subdivi[-]sion, où tous devaient rester quelque temps en ôtage sous le prétexte de donner le temps de faire une enquêt[e] sur leur compte, mais, en réalité, pour causer un pe[u] d'intimidation dans le pays, Miloud m'écrivit à peu prè[s] en ces termes :

« Seigneur, bien que tu aies sévi contre moi, et qu[e] tu m'aies envoyé ici où nos affaires seront examinées[,] j'ai la conscience tranquille, et je suis bien certain qu[e] je ne serai point reconnu coupable ; mais en attendan[t,] j'ai la plus grande confiance en ta bonté, et je te suppli[e] de faire veiller sur mes intérêts. En mon absence, tu [es] le père de mes enfants, le mari de mes femmes. Ne perd[s] pas ma tente de vue, envoie dans ma famille les ordre[s] que tu jugeras convenables : on s'empressera de s'y sou[-]mettre, car on sait que c'est toujours m'être agréabl[e] que d'écouter tes volontés, etc. »

Mais, pour le moment, nous venons d'apprendre qu[e] ce même Miloud avait passé la frontière.

Dès le surlendemain de ce parti pris, je recevais d[e] lui une longue lettre dans laquelle il m'expliquait qu'i[l] avait en se retirant, cédé à des obsessions intolérables[,] mais que déjà il reconnaissait la faute commise. Il étai[t] fortement pressé de se joindre à nos ennemis, disait-il[,] mais il avait refusé toutes ces offres; il ne se déciderait jamais à nous faire la guerre, et il ne pouvait plus vivre sans notre amitié et notre considération. Il finissait en me conjurant, au nom de tout ce qu'il y a de plus sacré, de lui venir en aide.

Je lui fis répondre que tout n'était point encore perdu pour lui; qu'il eût à se rendre tel jour, à un point déterminé sur la frontière, que je m'y trouverais moi-même et lui expliquerais ma décision dans une entrevue.

Au moment fixé, je me rendis au lieu du rendez-vous avec quatre ou cinq cavaliers d'escorte seulement, de la tribu même de Miloud. Quant à celui-ci, il était déjà sur un des mamelons voisins, escorté de plusieurs centaines de montagnards des tribus chez lesquelles il s'était réfugié, et qui avaient eu à honneur d'accompagner leur hôte, de veiller sur lui et de le protéger au cas où les choses ne tourneraient pas bien.

Je m'arrêtai à une demi-lieue à peu près du rassemblement étranger, et je désignai un mamelon de sable bien découvert, situé à moitié chemin entre les deux troupes, pour lieu de l'entrevue. Je m'y rendis moi-même seul, à pied, et je fis prévenir Miloud de m'imiter. Celui-ci ne tarda pas à se mettre également en route à pied; j'arrivai un peu avant lui au point culminant, et m'assis. Miloud, pâle, fatigué, les traits altérés, pressa l'allure; arrivé près de moi, il m'embrassa les mains avec effusion, en versant d'abondantes larmes :

— Que suis-je devenu, ô Dieu ! je suis déshonoré, n'est-ce pas? Je ne puis plus me présenter devant les Français; je suis un chien, moi qui étais si fier de la considération avec laquelle on me traitait. Quel va être mon sort ? Mon seigneur, mon frère, ne m'abandonne pas!

J'étais touché du désespoir de ce jeune homme, et je le tirai de son malheur, à sa grande satisfaction : je lui permis de rentrer dans le pays, et je lui ordonnai de s'installer pour quelque temps dans un douar de l'intérieur loin de la sphère brûlante des luttes journalières, au milieu desquelles il avait eu à souffrir. Je lui promis enfin de l'emmener avec moi, dans mon escorte, lors de la première excursion que je ferais, ce qui devait le réhabiliter complétement aux yeux des populations. Après de nouvelles protestations nous nous séparâmes et tout le monde s'en revint content.

La scène que je viens de mentionner m'a laissé de vifs souvenirs, parce que tous ceux qui y assistaient subissaient l'influence de sentiments honorables. Je pouvais très-bien être enlevé avec mes cinq cavaliers ; le coup devait être tentant pour des tribus étrangères, qui pouvaient ensuite espérer s'en faire honneur dans leurs relations avec les populations franchement hostiles. Tout se passa cependant dans le plus grand ordre.

Les circonstances extérieures étaient également dignes de description. Un soleil resplendissant, un ciel sans aucun nuage ; au nord, la Méditerranée, à quelques centaines de mètres de nous ; à l'est, au fond du tableau, les hautes et noires montagnes de l'ennemi, et en avant, quelques collines s'abaissant par gradins ; au sud et à l'ouest, de légers mouvements de terrain, des buissons de bruyères, des bouquets de lauriers-roses au milieu de frais ruisseaux, et au centre, en vue de tous, le mamelon de sable fin sur lequel l'entrevue se passa. Du côté des montagnes noires, l'escorte de Miloud, groupes de gens de montagne, sales, mal vêtus, mais aux traits énergiques ; et au milieu des arbustes, dans la partie riante du paysage, mes cavaliers dans le costume élégant et pittoresque que l'on connaît aux spahis, complétaient un ensemble dont la trace ne s'effacera probablement pas de longtemps de ma mémoire.

Mais nous-mêmes, les conquérants, qui avons si souvent jeté la pierre à ces malheureux indigènes, à propos de loyauté et de bonne foi, je ne sais si nous en avons complétement le droit : je connais quelques faits de notre part qui sont loin d'être irréprochables. Il y a surtout ce que, dans certains états-majors de l'armée d'Afrique, on a appelé la razzia de pied ferme; voici en quoi elle consiste :

Une colonne, commandée je suppose par un colonel qui voudrait bien devenir général, vient de faire une excursion dans le pays; les ordres de l'autorité ont été exécutés, toutes les causes d'inquiétudes, de troubles ont disparu devant nos troupes; il est impossible d'espérer une affaire de vigueur. On va donc être obligé de ramener la colonne dans ses cantonnements; les troupes vont se séparer, le chef militaire regagner sa garnison. Pour lui, c'est une occasion perdue; il se demande avec déplaisir quand et comment elle pourra renaître. L'entourage du colonel, les officiers ambitieux et remuants du corps de troupes, sont également peinés et fort mal disposés. Dans ces circonstances, le commandant en chef de la petite armée fait mander les principaux personnages des tribus sur lesquelles il est campé; il les rudoie quelque peu et cherche des prétextes de remontrance (toujours par voie d'interprète).

— J'ai appris que vous n'étiez pas très-soumis; vous avez laissé passer des révoltés chez vous, lors de la dernière insurrection, et, certainement, vous étiez un peu de connivence.

— Mais, seigneur, point du tout : nous avons, au contraire, garni nos positions, empêché les fuyards de passer chez nous ; nous leur avons même pris du bétail. Renseigne-toi, tu verras que nous nous sommes montrés fidèles serviteurs.

— Ah bah ! je n'en crois rien ! Et vos impôts, les avez-vous payés ?...

— Seigneur, nous ne les payons chaque année qu'à la notification du bureau arabe ; il serait même gênant pour vos comptes, nous a-t-on dit, d'acquitter avant, mais nous sommes tout prêts.

— Je remarque que vous ne m'avez pas pas bien reçu, ni moi, ni ma colonne ; vous vous moquez de nous, mais prenez garde, vous pourriez le payer cher.

Là-dessus, protestations de plus en plus vives de la part des indigènes, qui finissent quelquefois par dire quelque chose de désagréable, tel que ceci, par exemple : « Seigneur, tu écoutes les mensonges de quelques juifs menteurs, mais on ne te dit que des choses fausses. »

C'est le moment que semble attendre le chef impatienté : « Vous voyez bien, s'écrie-t-il, que vous manquez au respect qui m'est dû ; je sais mieux que personne qui je dois écouter ; vous êtes des insolents, vous serez punis. » Et aussitôt le signal est donné.

Un escadron à cheval au plus vite, des bataillons armés mais sans bagages, ont ordre de parcourir les environs et de saisir les troupeaux. Dans la bagarre, il n'est pas rare de voir un berger ou un maître de bestiau[x] céder à l'irritation et faire feu sur les capteurs ; alors, l[e] colonel triomphe. « Je savais bien, dit-il, cette fois, qu[e] j'avais affaire à une mauvaise population qui a besoi[n] d'être menée rudement. » Et, heureux du coup de fus[il] accidentel, il ordonne une opération en grand qui amèn[e] encore quelques détonations, des prises copieuses, et sur[-]tout le thème d'un bulletin. C'est là ce qu'on appelle l[a] razzia de pied-ferme ; ce n'est pas autre chose que la mis[e] en action de la fable du *Loup et de l'Agneau*, cet apologu[e] qu'on nous enseigne dès le plus jeune âge et que nou[s] n'oublions jamais.

Il ne serait pas juste de dire cependant que des che[fs] commettent des actions semblables avec préméditation[ ;] pour mon compte, je n'ai jamais osé le croire. Mais enfi[n] les dispositions personnelles, les circonstances locales [et] d'entourage, la maladresse des indigènes trop confian[ts] dans leurs droits, et je ne sais quoi encore aidant, il e[st] arrivé quelquefois, et cela presque sous mes yeux, qu[e] des populations qui ne méritaient aucune punition et su[r] lesquelles il n'y avait aucun projet de châtiment, recevaie[nt] une rude leçon amenée à peu près comme je l'ai indiqu[é].

Ces vexations iniques tendent heureusement à disp[a]raître, et avec elles les besoins de vengeance qu'elles fo[nt] naître chez nos nouveaux sujets.

L'indigène ne trouve généralement pas les punitions trop fortes, toutes les fois qu'il y a réellement un délit commis. Dans ce cas même, la nature de son esprit le porte à approuver une certaine exagération de rigueur dans le châtiment infligé. Mais à la suite d'abus semblables à ceux que je viens de rappeler, des haines sourdes et vigoureuses prennent naissance, et longtemps comprimées elles éclatent à l'occasion par des assassinats et des atrocités que nous ne savons alors expliquer qu'en nous rejetant sur le naturel barbare des Africains.

# CONCLUSION

Des bureaux arabes actuels. — Abus possibles. — Nécessités chez les indigènes du pouvoir tel qu'il est constitué. — Améliorations à proposer. — Personnel des affaires arabes.

On sait que l'unité administrative, en territoire militaire ou arabe, est le cercle.

Il y a en Algérie une quarantaine de cercles ; chacun d'eux a à sa tête un commandant supérieur, qui a le commandement des troupes, la surveillance des administrations, et enfin le gouvernement des tribus indigènes qu'il exerce par l'intermédiaire d'un bureau arabe.

Dans la plupart des cercles, le commandant supérieur ayant pleine confiance dans son chef de bureau arabe, ou se sentant moins apte que lui, la direction réelle de l'administration indigène est entre les mains de l'officier des affaires arabes.

Or, depuis quelque temps, l'esprit public s'est vivement préoccupé des excès constatés dans le fonctionnement de ces bureaux arabes; il veut connaître la source des abus, et demande qu'on y porte remède.

Parlons d'abord des maniements de fonds.

Les règlements prescrivent que le commandant supérieur, par l'intermédiaire obligé de son bureau arabe, n'intervienne en matières de finances que pour l'établissement des rôles d'impôts, qui sont ensuite approuvés en haut lieu, et pour la fixation des amendes à infliger aux délinquants divers. Les fonds perçus par les chefs arabes, d'après les chiffres arrêtés, doivent être portés directement par eux aux receveurs du fisc.

Ce mode, au premier abord, paraît assez régulier; il y a cependant toute une série d'abus possibles.

En effet, ces rôles sont établis par le bureau arabe sur les listes détaillées fournies chaque année par les chefs de tribu; mais ces derniers documents ne sortent pas du bureau arabe, ils ne sont pas transmis comme pièces à l'appui. Les commissions consultatives des subdivisions, le gouverneur, le ministre, ne peuvent être éclairés régulièrement sur la valeur des chiffres posés sur le rôle; il manque là une garantie, qui pourrait être créée en ordonnant l'annexion, aux rôles d'impôt, des listes des chefs indigènes, revêtues du cachet de ces fonctionnaires. Ceux-ci, voyant leur travail envoyé au contrôle d'autorités autres que celle du bureau arabe, seraient animés d'une crainte profitable aux intérêts du trésor.

Ce n'est pas qu'habituellement le bureau arabe ne contrôle efficacement les listes des agents indigènes et n'établisse consciencieusement son rôle d'impôt ; mais enfin l'on cherche les sources d'abus possibles ; en voilà une : le bureau arabe pourrait engager un caïd à faire sa liste moins forte qu'elle ne devrait l'être, à verser par conséquent au trésor une somme moins considérable, tout en percevant de tous les contribuables existant réellement les taxes habituelles, ce qui donnerait une différence disponible. Il pourrait aussi, sans prévenir le chef indigène, et sur une liste de celui-ci, composée de 500 charrues, par exemple, n'en porter que 450 sur le rôle, et prescrire qu'au moment du payement on versera le prix de 450 charrues dans les caisses de l'Etat, et le complément au bureau arabe.

Dans l'état actuel des choses, les intérêts du trésor ne sont garantis contre les excès susmentionnés que par la moralité des fonctionnaires.

En fait d'amendes, l'abus possible consiste en ce que, sur celles qui sont infligées, le commandant supérieur ne fait verser que la portion qu'il veut bien abandonner ; il peut faire réserver, au contraire, celle dont il juge bon de disposer. Il existe bien un registre des punitions en argent, visé de temps en temps par les commissions consultatives des subdivisions ; mais on peut ne porter sur ce livre que ce qu'il convient d'y inscrire. Là encore il n'y a pas de garantie.

Pour régulariser toute cette perception des amendes, il faudrait peut-être ordonner que toute condamnation pécuniaire serait inscrite sur un feuillet d'un registre à souche, numéroté et parafé ; il faudrait ensuite arriver à ce que l'Arabe ne payât plus que sur le vu d'un semblable papier, qu'il viendrait apporter lui-même chez le receveur, avec le montant de son amende.

Mais comment faire connaître cette disposition à tous les indigènes ? Pourquoi les forcer, à propos d'une amende de 10 francs, par exemple, à un déplacement de vingt à trente lieues pour l'aller et autant pour le retour ? Et cependant, si l'on maintient encore comme intermédiaires entre le contribuable et le trésor des agents du pays, tous les abus sont possibles. De plus, les receveurs ne sont pas prêts à cet ordre de choses ; ils demanderont des interprètes, des secrétaires arabes, des chaouchs, etc.

D'une part, les réformes ne sont pas toutes faciles, et, de l'autre, il n'existe encore sur ce sujet d'autre garantie que le caractère du fonctionnaire que l'on emploie.

Dans les produits en argent, moins habituels et ordonnés par l'autorité supérieure, tels que confiscations, saisies diverses, les prescriptions régulières du gouvernement sont encore moins précises, ou, lorsqu'elles fixent quelques points, elles n'indiquent pas les moyens d'obtenir les résultats commandés ; elles ne présentent aucune garantie de l'exécution de la règle, quelque peu exigeante que soit celle-ci.

Il a beaucoup été question dernièrement de fonds éventuels ; ces fonds, sous un titre ou sous un autre, considérables ou minimes, ont toujours existé en Algérie.

Il est absolument nécessaire que le commandement, en territoire militaire, ait à sa disposition des fonds que, jusqu'à ce jour, nulle prévision budgétaire ne lui alloue. Les personnes les plus opposées à toute irrégularité en conviennent, lorsque, sur place, on les met à même de se convaincre des exigences de la position.

Au milieu de la société indigène telle qu'elle est, et tant qu'elle ne sera pas organisée d'une façon qui se rapproche de la nôtre, le chef d'une fraction du territoire est une sorte de Providence qui doit, sous peine de déchéance morale et d'impuissance effective en certains cas, parer à des éventualités fortuites.

Les agents de l'autorité reconnus et payés par l'État

sont très-peu nombreux en territoire arabe; mais le détenteur du pouvoir a à sa disposition pour le service du commandement, sans qu'ils songent à s'y soustraire, tous les habitants de la tente. On ne se fait pas faute de les employer, mais il est nécessaire de les récompenser ou au moins de les encourager de temps à autre.

Dans les premiers moments de l'occupation réelle, à l'époque rappelée naguère par un honorable général, on pourvoyait à ces besoins au moyen d'une partie des contributions de guerre ou des prises nombreuses faites sur l'ennemi; les ressources étaient grandes, les besoins minimes. Il n'y avait point alors, surtout dans l'ouest, à proprement parler, d'administration indigène; tout au plus était-elle dans l'enfance. On sourit involontairement au souvenir de ce qu'était alors notre action sur les Arabes, comparée à ce qu'elle est aujourd'hui.

Quelques chefs s'étaient soumis à notre domination; mais à chaque instant leurs tribus levaient le pied et les entraînaient forcément. Nos officiers en relation avec quelques rares personnages n'avaient point pris possession de la tribu elle-même, de l'individualité arabe.

Dans le principe donc, une partie des contributions de guerre a suffi pour couvrir les frais de l'administration non prévus par le budget; la guerre s'apaisant, et les ressources qui en résultaient diminuant, on s'est rejeté, selon les localités et les circonstances, sur les impôts, les amendes, les confiscations, les cotisations volontaires. Ces derniers produits financiers ont été réglementés, il est vrai, récemment : ils ont une caisse et des comptables; mais comme ils sont fixés, en prenant pour base le rôle d'impôt, le peu de garantie que nous avons constaté à l'endroit de celui-ci se représente encore au sujet des cotisations volontaires.

Quoi qu'il en soit, s'il est pris des mesures sérieuses pour que tout maniement de fonds échappe au commandant supérieur et à son agent, le bureau arabe, il sera de toute nécessité de pourvoir, par des crédits nouveaux, aux besoins que couvraient naguère des perceptions dont l'opinion publique s'est effrayée.

En dehors de ce qui précède, il y a tout un ensemble d'abus effrayants qui peuvent naître du contact de nos officiers avec les chefs arabes.

On sait que ceux-ci prennent à tout propos de l'argent à leurs administrés; ils les surveillent soigneusement, dans le but de connaître leurs ressources et de savoir à quel moment il est opportun de faire demander, et combien il faut réclamer.

Quant aux motifs, ils ne manquent jamais. Les intimes de l'entourage du chef indigène lui font des présents pour certaines fêtes, à chaque événement heureux ou malheureux qui survient dans sa famille, à chaque voyage qu'il entreprend, toutes les fois qu'il est puni ou récompensé par l'autorité française, etc.; ces affidés du chef de la tribu se répandent ensuite dans les douars, racontant ce qu'ils ont fait en faveur de leur seigneur, et ce que par conséquent doivent faire les autres habitants de la région; les uns, protégés habituels du chef, s'exécutent pour ne pas perdre ses bonnes grâces; les autres, hostiles au caïd, n'en payent pas moins, dans la crainte que quelque mauvais tour ne leur soit joué ultérieurement.

C'est là le chapitre des cadeaux à peu près volontaires; mais le chef indigène bat encore monnaie de bien d'autres façons; toutes les fois, par exemple, qu'il reçoit un ordre à faire exécuter dans la tribu : réquisition de mulets, goum à envoyer quelque part, diffa (nourriture des hommes) considérable à porter sur un point, le plus souvent alfa (nourriture des chevaux) à fournir à un groupe de cavaliers employés par le commandement. Le chef commence, en pareil cas, par exiger beaucoup plus qu'on ne lui demande, et il donne ensuite des exemptions moyennant finance.

Chaque année le caïd distribue les terres aux cultivateurs : les meilleurs morceaux vont naturellement à ceux qui ont donné le plus d'argent pour les avoir.

Mais ce qu'il y a de plus hideux, au milieu de toutes

ces choses honteuses, le chef musulman cache des délits, des crimes même; il déjoue les recherches de l'autorité, les égare sur des innocents, quand il est suffisamment indemnisé.

Il y a encore dans le pays des habitudes tout à l'avantage du chef: au printemps, on recueille pour lui le beurre nouveau; il y a une mesure que doit remplir chaque tente; il y a aussi la quête du miel, des olives, des dattes suivant les régions, du bétail, du bois, de la laine, du poil de chameau, etc.

Les chefs arabes ont en outre des droits réguliers et considérables, qui consistent en parts d'impôts ou d'amendes, et en un certain nombre de journées de travail que leur doivent tous leurs administrés, ce qui permet de faire labourer facilement bon nombre de charrues.

Ces chefs, pour ne pas être inquiétés dans leur industrie, ou simplement par habitude, cherchent à faire accepter des cadeaux aux officiers français; ils les présentent comme des témoignages d'attention, de politesse, des preuves de dévouement, telles qu'il doit en exister entre le serviteur et son maître. Si l'officier n'a pas une roideur de principes suffisante, s'il prête l'oreille à ces suggestions captieuses, si plus tard même, allant au-devant des offres, il ordonne qu'on lui apporte, si, du poids de toute l'autorité qu'il a acquise, il exige impérieusement qu'on lui fournisse sa part, la part du lion, nous ne voyons plus alors de limites aux scandales possibles.

Il est de toute importance, comme on le voit, de choisir ses sujets avec le plus grand soin, et de ne pas négliger les officiers connus par leur probité ; ceux-ci peuvent arriver à se décourager, et en venir à se dire : « Quoi que nous fassions, on ne nous tient compte de rien : profitons donc de la position. »

Un autre genre d'abus, très-important, selon moi, consiste dans la façon dont se rend journellement la justice dans les bureaux arabes.

Ceux-ci doivent écouter et régler toutes les plaintes qui leur arrivent des divers points du cercle ; ils ont comme moyens de répression l'amende et la prison ; celle-ci pour quelques mois au plus, et dans un local dépendant habituellement du bureau arabe. Dans divers cas bien constatés, et suffisamment graves, ils peuvent livrer les coupables au conseil de guerre ; dans d'autres circonstances plutôt politiques, il est demandé au gouvernement et au ministre un ordre de longue détention pour Alger ou pour l'île Sainte-Marguerite, sur les côtes de France.

Ces sortes de lits de justice, qui, pour moi, sont la partie la plus importante des fonctions du bureau arabe, ne sont cependant pas compris ainsi partout.

Dans quelques cercles, on désigne un des officiers nouveaux venus et inexpérimentés pour écouter les affaires ; autre part, on déploie un tel appareil d'intimidation, une telle rudesse d'interrogation et d'expulsion, au cas où le plaignant ne convient pas à l'officier juge, que l'on est à se demander, dans ces localités, si l'indigène a beaucoup gagné à nous avoir à la place du Turc.

Quant aux exécutions sommaires, heureusement fort rares, telles que celles dont on a beaucoup parlé récemment, on ne saurait trop se précautionner contre le renouvellement de pareilles atrocités, et surveiller les jeunes officiers qui ont surtout en vue, en faisant sauter des têtes arabes, de se faire une réputation de suprême énergie.

D'autre part cependant, il ne faudrait pas trop effrayer des conséquences d'une résolution extrême certains militaires, et il y en a beaucoup, qui, très-braves de leur personne, très-dociles, perdent complétement la tête lorsqu'ils se trouvent chefs dans une position critique, et sont presque incapables de prendre un parti.

Il faut avoir passé par ces épreuves pénibles, où, au milieu d'une contrée subitement agitée ou mal disposée, on s'est trouvé sous le coup du moindre accident ; il faut avoir senti par soi-même combien peu pesait sa propre vie et celle de ses compagnons dans la balance des éventualités ; il faut avoir vu l'existence d'une troupe entière, là tranquillité du pays, à la merci du moindre fait, l'imprécation d'un marabout, le signal donné par un berger, les plaintes d'un fuyard ou les excitations d'un énergumène ambulant; il faut avoir souffert de ces diverses péripéties avant de condamner toute espèce d'exécution sanglante.

Ce respect extrême de la vie humaine que nous avons en France, ne saurait être transporté tout entier dans certaines parties de l'Algérie, surtout dans celles qui touchent aux frontières, aux tribus du Sahara et à celles de la Kabylie.

Je rappellerai à ce sujet un fait hors de doute : si Bouzian, l'inspiré de Zaatcha, au moment où son arrestation avortait et décidait l'insurrection, avait été tué sur place, nous aurions du même coup sauvé la vie à quelques centaines de soldats tués au feu ou morts du choléra dans cette rude campagne.

Que le magistrat se voile la face des plis de sa toge, mais qu'il ne se hâte pas trop de jeter l'anathème sur les conséquences souvent regrettables de l'emploi de la force; qu'il veuille bien se rappeler, qu'au milieu de toutes nos conquêtes morales, s'il lui est donné de faire entendre, paisiblement assis sur son siége juridique, les maximes élevées et vivifiantes de la justice, c'est que le gendarme veille sans relâche à l'entrée du sanctuaire.

Enfin un reproche grave que l'on adresse encore aux

bureaux arabes, c'est le manque de tact et d'intelligence avec lequel ils se montrent hostiles au développement de la colonisation. Cette répugnance peut avoir été motivée, dans quelques cas particuliers, par les essais malheureux de colons adonnés à tous les vices, mais n'a aucune raison de se manifester d'une façon systématique.

Remarquons toutefois que le bureau arabe n'a, en aucun cas, de *veto* à imposer ; en fait de colonisation, par exemple, il donne simplement des avis, des renseignements à l'autorité supérieure, et c'est un peu la faute de celle-ci, si ces avis et ces renseignements sont de préférence approuvés.

Pour toutes les autres parties de leurs fonctions multiples, les bureaux arabes reçoivent des ordres circonstanciés qu'ils exécutent ou font exécuter.

De tout ce qui précède, il serait dangereux de conclure que l'organisation du pouvoir doit être remaniée en Algérie, et que le temps est venu de voir surgir des institutions à peu près semblables à celles de la métropole.

Non, il est nécessaire, et pour longtemps encore, que l'autorité qui a le commandement des tribus, ait en main des pouvoirs très-larges ; l'indigène a besoin d'avoir au-dessus de lui, sous le rapport administratif, quelque chose qui ressemble à la puissance paternelle, patriarcale, et, tout le premier, il viendrait nous implorer pour qu'on lui rende ses chefs, si dès aujourd'hui, on le mettait en contact avec nos administrations telles qu'elles sont organisées, et telles qu'elles fonctionnent en France ou dans les villes algériennes du territoire civil. L'Arabe, ne l'oublions pas, a horreur de tout ce que nous appelons les *rouages administratifs*.

A ce propos, je me rappelle avoir vu dans nos villes du littoral africain, des indigènes venus des environs, pour quelques petites affaires très-simples à régler devant divers bureaux d'administration, fatigués de démarches infructueuses, vexés de certaines façons d'agir qu'ils prenaient pour des affronts, se rendre, au bout de plusieurs jours, au bureau arabe militaire, et là, raconter leurs déboires, en priant qu'on leur donne l'aide de quelque employé secondaire, pour les tirer d'embarras. Généralement ces individus s'étaient présentés le premier jour, aux administrations devant lesquelles ils avaient à paraître, à une heure indue; après plusieurs allées et venues malheureuses, ils s'étaient décidés à s'asseoir à terre, dès la pointe du jour, à la porte des bureaux intéressés, et à attendre l'arrivée des employés. Suivons l'un de ces indigènes dans son récit :

L'Arabe, qui s'est muni d'un petit juif interprète,

entre enfin dans le sanctuaire. On lui indique brutalement une série de grillages, par lesquels il ne voit que des visages maussades et impolis; il arrive à l'un d'eux, où un employé parcourt dédaigneusement le papier qui lui est remis, et répond bien vite par une négation, en fermant son guichet. Il manque, en effet, une signature, un visa, et l'indigène recommence ses courses dans la ville pour remplir les formalités exigées; pour chacune d'elles, les épreuves de temps précis, de fin de non-recevoir, de guichets entr'ouverts et refermés, se multiplient, et enfin, de guerre lasse, le malheureux impétrant ne se tire d'affaire qu'avec l'aide du bureau arabe devant lequel il trouve au moins à qui parler.

Au lieu de chercher à soumettre dès maintenant les indigènes, à notre régime administratif, il est préférable de remédier aux abus de l'administration actuelle du territoire arabe, et cela n'est pas très-difficile.

Il est à remarquer, en effet, que plus les cercles sont petits, mieux ils sont administrés, ou plutôt, moins il y a de suspicion dans le public envers les bureaux arabes; car dans ce cas, les chefs indigènes, les intermédiaires qu'ils emploient sont connus de la population; celle-ci sait à peu près tout ce qui se passe et il ne pourrait se produire rien de scandaleux, sans qu'aussitôt la nouvelle s'en répande de toutes parts.

Dans les cercles, au contraire, qui comprennent un vaste territoire arabe, et où fonctionnent plusieurs grands chefs musulmans ; ceux-ci et leurs agents n'apparaissent que rarement; on sait d'une manière vague qu'ils administrent à leur grand profit de nombreuses populations; on croit, quelquefois à tort, que le bureau arabe de la localité a intérêt à laisser faire, parce que, de fait, il ne peut triompher de l'importance de la tâche, et l'opinion publique ne tarde pas à exagérer l'état des choses.

Partant de là, je pense qu'il serait nécessaire de beaucoup diminuer l'étendue des cercles et de créer de nombreux annexes ; au lieu de quarante cercles, par exemple, il faudrait arriver à avoir, dans quelques années, une centaine de ces circonscriptions ou d'annexes qui entraînent un peu moins de frais et pourraient être établis en utilisant une partie des maisons de commandement existantes.

Au lieu de vingt officiers au plus, aptes aux affaires, et suffisamment expérimentés que nous possédons en ce moment, il serait urgent d'en former cent cinquante ou deux cents; ils sont faciles à trouver dans notre armée d'Afrique ; c'est une affaire d'autorité, avec beaucoup d'attention et un grand esprit de justice, elle aura bientôt réuni le personnel convenable.

Il est aussi besoin que la haute direction des affaires algériennes produise une sorte d'instruction circulaire, posant non-seulement des principes de gouvernement arabe, mais discutant la plupart des cas plus habituels, indiquant les voies conseillées par l'expérience. Il faudrait enfin que, chaque année, une inspection sérieuse fût faite dans les bureaux arabes, par des hauts fonctionnaires venus de la métropole, ainsi que cela se pratique pour tous les services de l'armée, quoiqu'aucun d'eux, en Algérie du moins, n'ait plus d'importance que l'administration des indigènes.

Il existe bien une décision ministérielle qui prescrit une inspection générale annuelle pour les bureaux arabes, mais c'est uniquement au point de vue des tableaux d'avancement à établir pour le personnel.

Le général commandant une province est l'inspecteur général de ses bureaux arabes.

Il délègue les commandants de subdivision; ceux-ci, le commandant supérieur de chaque cercle.

Or, comment admettre que le commandant d'un cercle, dans le compte qu'il a à rendre de l'administration de son bureau arabe, c'est-à-dire d'un service qu'il doit surveiller et diriger, puisse dire autre chose, sinon que tout est pour le mieux.

Le contrôle est illusoire. Les colonels ne sont jamais

chargés, que je sache, de l'inspection de leur propre régiment.

Nous n'avons fait qu'indiquer ces dernières pensées; car ce n'est point ici le lieu de s'occuper à fond de questions trop graves pour ces simples récits.

Ajoutons, pour conclure, quelques mots du personnel des bureaux arabes.

Ce personnel a compté longtemps et compte encore, nous aimons à le croire, dans son sein l'élite des officiers de l'armée d'Afrique; aussi, nouveaux maires du palais, sont-ils en général, plus intelligents, plus foncièrement aptes, plus actifs surtout que leurs chefs immédiats.

Il y a plus de facilités, du reste, pour le recrutement des bureaux arabes que pour celui des commandements supérieurs, car ceux-ci exigent avant tout un certain grade qui permette l'autorité sur les troupes stationnées dans le cercle, tandis que le dernier des sous-lieutenants français peut commander des khalifats indigènes : il n'y a là aucune difficulté légale.

Mais cet état de choses tend à se modifier ; un assez grand nombre d'officiers, sortant des affaires arabes, commencent à arriver aux commandements supérieurs, et, dans ce cas, l'ordre naturel est rétabli; le chef nominal du pays est alors aussi le chef réel; le directeur des affaires arabes n'est plus qu'un personnage secondaire, ainsi que cela devrait être partout.

En résumé, si, sur quelques points, l'opinion publique est fort préoccupée de certaines allures mystérieuses dans la direction des choses, nous croyons qu'une bonne partie des bureaux arabes méritent des éloges; et si, pour les emplois supérieurs de l'administration indigène, pour les fonctions qui peuvent s'exercer dans le calme du cabinet, l'armée n'a pas le privilége, plus qu'une autre classe de fonctionnaires, de fournir les sujets convenables; au moins, pour les relations directes avec l'Arabe, je ne puis croire qu'ailleurs mieux que dans l'armée, on puisse trouver l'habitude du commandement et des fatigues, la bravoure, le désintéressement, le généreux dévouement si nécessaires à ceux des enfants de la France que nous mettons en contact avec les populations africaines de notre colonie.

Je rappellerai en terminant que, sur une quarantaine d'officiers que j'ai personnellement connus dans les affaires arabes, sept ont été tués au feu en Algérie, six sont morts de maladie ou d'accident, en plein exercice de leurs fonctions; sept, à ma connaissance certaine, et probablement un plus grand nombre, ont été blessés. Tout ce sang, les fatigues, les veilles de ceux de ces fonctionnaires, sérieusement voués à leur tâche, les travaux divers qu'ils ont entrepris, les documents innombrables qu'ils ont amoncelés, composent des états de service comme il est donné à peu d'administrations d'en présenter, et que peuvent revendiquer avec orgueil certains bureaux arabes.

# APPENDICE

## I

### Une suite de malentendus.

Il est curieux de jeter un coup d'œil rétrospectif sur une série de malentendus, qui, sous diverses formes, n'ont cessé de se produire, en Algérie, dans les relations, soit générales, soit privées, entre la race victorieuse et la population vaincue.

En 1830, le croirait-on, tous les documents mis à la disposition du commandant en chef de l'expédition, tous les renseignements fournis par nos corps savants, en 1830, presque hier, n'avaient pu donner que très-peu d'indices utiles sur la nature de l'ennemi que l'on allait rencontrer, ses façons de combattre, son organisation. Quelle serait la conduite probable des populations? on ne s'en doutait pas ; comment étaient-elles gouvernées habituellement, quels étaient les terrains sur lesquels on était appelé à opérer? tout cela était à peu près inconnu de nous et concernait cependant un pays qui s'étend en face du nôtre, de l'autre côté de la Méditerranée, à 200 lieues à peine de nos ports.

Toutefois nos bibliothèques sont fort riches en travaux considérables qui traitent des noms de certaines peuplades de l'Afrique centrale, qui développent de longues discussions sur les divers Nils, les lacs supposés, les origines des noms, leurs orthographes probables, etc., certains chapitres sont peut-être relatifs à notre Algérie, mais on peut juger combien d'éclaircissements ils ont apportés dans la question quand on constate ce fait étonnant, qui serait certainement révoqué en doute s'il n'était établi par des pièces authentiques :

Le général en chef, se rappelant l'effet produit une première fois sur les Romains, par les éléphants de Pyrrhus, et préoccupé de l'existence de nombreux dromadaires chez les Arabes, s'attendit à voir fondre sur son infanterie des escadrons de chameaux furieux, il crut, en conséquence, devoir prévenir ses troupes de ne point s'émouvoir de cette attaque lorsqu'elle se présenterait.

Nos fantassins attendent encore ces charges terribles de dromadaires.

Quelles idées confuses avait-on donc sur ce pays? peut-être y avait-il dans ce dernier fait un aperçu exagéré de ce qui se passe chez les Touâreg, les pirates du grand Sahara.

Quoi qu'il en soit, nos troupes, un peu étonnées d'abord, non pas des charges de chameaux, mais des cris sauvages et des gestes féroces des Musulmans, sont victorieuses à Staouëli, et ne tardent pas à prendre Alger, dont elles chassent les Turcs.

C'est ici surtout que commencent les hésitations, les signes de l'ignorance la plus profonde de notre part; qu'allait-on faire vis-à-vis de cette nation que les Turcs gouvernaient mal, mais sur laquelle ils avaient cependant une certaine autorité? On se hâta de proclamer que les Français respecteraient les propriétés, les mœurs, la religion de leurs nouveaux sujets, mais ceci ne fut guère connu que des gens d'Alger et des environs.

Sur ces entrefaites, les populations des tribus, dirigées par leurs chefs habituels, avaient supprimé toute relation avec l'autorité centrale, et attendaient les événements.

Tout dépendait à ce moment de la façon dont on se présenterait aux habitants du pays; avec deux ou trois combats brillants et un peu d'habileté politique, nous eussions eu chance de recueillir promptement l'héritage du Turc. Mais à la façon dont on commença les relations, à cette inhabileté forcée de l'Européen, appelé brusquement à manier des choses de cette sorte, et qui maladroitement hésite à demander ce que les populations sont habituées à donner sans conteste, et semble, au contraire, exiger ce qui paraît exorbitant aux gens du pays, les habitants de la tente comprirent promptement à qui ils avaient affaire; ils sentirent que nous n'étions pas en mesure de les gouverner, que nous avions beaucoup de chemin à parcourir pour y arriver, et que les tribus auraient tout le temps de consolider leur indépendance.

Cependant un cercle de feu entourait nos avant-postes de la banlieue d'Alger; journellement des hommes étaient tués; cela ne pouvait durer. On songea à se montrer un peu dans le pays, à faire quelques marches dans la Mitidja. Comme source de renseignements, on n'avait alors que des juifs ou citadins qui, n'étant jamais sortis de la ville, ne pouvaient nous être utiles, mais qui, menteurs et voleurs à la fois, exploitèrent indignement notre ignorance.

C'est l'époque des combats avec ce qu'on appelait les Bédouins ou les Hadjouthes; pendant quelques années on ne voit que ces dénominations dans les bulletins. On prend Blida et on occupe, dans la Mitidja, une infinité de postes malsains que quelques groupes d'indigènes, parfaitement libres de leurs mouvements, tiennent en échec, en venant de temps à autre décharger leurs armes sur nos revêtements, et riant sans cesse de la stupidité qui nous faisait nous enfermer dans nos redoutes avec des troupes suffisantes pour la conquête du pays.

Même état de choses se produisait aux environs d'Oran et de Bône; on faisait campagne en traînant des prolonges et des canons; il fallait chaque jour tracer des chemins, on avançait à peine de quelques kilomètres par vingt-quatre heures; les Arabes avaient le temps de se réunir de tous les points de la contrée et nous accablaient.

Cependant l'expédition de la Tafna qui inaugurait un nouveau système de guerre, la prise de Constantine, les combats amenés par les ravitaillements de Médéa et de Miliana commencèrent à porter haut notre renommée guerrière.

Les indigènes pensaient qu'il était malheureux que des hommes aussi bien doués sous le rapport militaire fussent d'une si grande ignorance en matière de commandement administratif et de direction politique des affaires; car nous n'avions encore fait que des essais malheureux; je parle, bien entendu, à un point de vue très-général, et comme effet produit sur les masses arabes. Nous n'avions point encore, comme disent les vieux mekhazenia (serviteurs de l'Etat) acquis le *coumpes* (savoir-faire).

De notre côté nous étions persuadés qu'il n'y avait absolument rien à faire avec cette race de sauvages, qu'ils étaient traîtres, lâches, menteurs, voleurs et qu'il était impossible de pouvoir jamais s'entendre avec eux.

La lutte armée continuait, et bientôt arriva l'époque à laquelle on fut le plus près de s'entendre des deux côtés, parce que des deux parts on était dans le vrai, j'entends la période qui marque le commencement réel de soumissions de la grande majorité des tribus de 1842 à 1845.

La guerre d'Afrique, constituée enfin comme elle devait l'être pour devenir fructueuse, avait donné de magnifiques résultats; les tribus fatiguées, battues de toute part, avaient soif de repos et demandaient surtout de la tranquillité; elles n'avaient aucune arrière-pensée mauvaise. De notre côté on avait fait des progrès en aptitude au maniement des choses indigènes; on saisit adroitement cette occurrence, et l'on présenta aux populations la paix sous la forme qui seule devait être irrésistible pour elles; on les réinstallait sur leur territoire avec leurs anciens chefs et tous leurs usages; on leur demandait seulement un impôt modéré, qui nous serait remis au lieu d'être versé au trésor turc, et à côté de cela on promettait oubli entier du passé, abstention complète de l'autorité française dans l'intérieur des tribus; des rapports généraux avec les chefs devaient seuls nous lier aux populations.

C'était là, en effet, ce qu'il y avait alors de mieux à faire, de seul réellemement praticable et utile à notre avenir dans le pays.

C'est encore sur ces bases qu'est établie la domination tranquille que nous exerçons en Algérie, et qui n'a été troublée de distance en distance que par suite, soit des excitations du héros national, l'émir Abd-el-Kader, ou des prédications de quelques fanatiques, soit des mécontentements locaux produits par des agents inhabiles et corrompus.

Mais on en est resté là, et le malaise ne peut tarder à se produire, parce que, grâce à notre initiative progressiste, les situations ne peuvent demeurer longtemps stationnaires. Le point de départ était excellent, mais bien des questions étaient alors laissées de côté, qui doivent être traitées aujourd'hui. Les tribus très-éloignées de nos centres de population sont encore vis-à-vis de nous ce qu'elles étaient il y a quelques années, mais les groupes d'habitants plus rapprochés de notre rayon d'activité commencent à être tracassés, inquiétés, non pas directement peut-être, mais par des craintes vagues, des intrigues, un certain courant d'idées qui se sent mieux qu'il ne se définit. Bref, ils craignent qu'on leur enlève leurs terres, et il est important de les rassurer en prenant nous-mêmes l'initiative, en nous hâtant d'assigner en toute propriété aux tribus inquiètes une partie de leur territoire et d'améliorer, par certains travaux, cette partie, en dédommagement de celle qu'on leur prendra. Il devrait y avoir tout un service public uniquement occupé de cette mission; elle en vaut la peine, car il y a là, ne l'oublions pas, un intérêt fort grave en notre présence, et si, pour l'avoir négligé, un souffle d'insurrection venait à agiter en masse toutes les populations indigènes de l'Algérie, nous ne reprendrions pas le dessus sans éprouver de grandes pertes de toutes sortes. C'est là une affaire de tact; en prenant certaines précautions, on peut sans danger enlever le plus à l'indigène et l'on risque de l'exaspérer en lui ôtant le moins d'une façon inhabile.

Nous avons malheureusement une tendance à vouloir régler ces choses au point de vue légal; nous recherchons dans les textes des anciens papiers des Beys, dans les priviléges accordés ou enlevés, à mettre d'accord notre intérêt et certains documents anciens; nous nous inquiétons trop, en un mot, d'une apparence de légalité. Ce n'est point ainsi, selon moi, qu'il faut envisager le problème. Nous devons nous mettre franchement en présence de chaque groupe de population et chercher les moyens de restreindre son territoire sans le mécontenter, et indépendamment des preuves écrites existantes encore, et dont la production, du reste, ne saurait suffire pour nous déterminer en présence des besoins, soit réels, soit factices de la population indigène.

D'autre part, l'élément européen cherche à s'étendre, et nous devons faciliter cette expansion, puisqu'en définitive c'est le but de la conquête ; mais les tentatives réellement sérieuses doivent seules être prises en considération.

On n'a malheureusement que trop vu jouer, surtout il y a une douzaine d'années, la comédie de l'*obstacle à la colonisation*, dont voici le résumé :

Un Monsieur arrivait de France avec de nombreuses lettres de recommandation; il se promenait dans la Mitidja, et jetait son dévolu sur une terre à sa convenance, habitée et cultivée pour le moment par une famille arabe et ses aides. Le futur colon demandait ce terrain et faisait une fort belle théorie dans laquelle il prouvait que la famille indigène était le seul obstacle à la colonisation et qu'il fallait l'expulser. Il réussissait, et un beau jour on signifiait à l'Arabe qu'il devait abandonner le pays qu'il était habitué à cultiver et aller prendre possession d'un autre terrain à huit ou dix lieues de là, dans une région toute différente. Le musulman ne pouvait se décider à s'expatrier ; c'était là que l'attendait le concessionnaire; après maints pourparlers le Français laissait sur sa terre l'ancien cultivateur en lui demandant une redevance beaucoup plus forte que l'impôt payé antérieurement à l'Etat. Qu'y avait-il de changé dans le pays? rien; l'Etat perdait une part d'impôt, l'indigène payait beaucoup plus, au bénéfice d'un Monsieur qui, les choses réglées, revenait en France, crier qu'on ne pouvait rien faire en Afrique.

Dans les relations journalières entre Européens et indigènes, le malentendu entre les deux races que nous avons vues en quelque sorte dominer l'histoire algérienne n'a pas encore cessé; chaque fois qu'un mauvais procédé est constaté d'une part ou de l'autre, au lieu de l'attribuer simplement à l'individu coupable, on en fait une affaire de race et je crois qu'au total il y a autant de torts d'un côté que de l'autre.

Les commerçants qui achètent maintenant de l'huile aux Kabyles par exemple ne savent pas lorsqu'ils sont trompés par des mélanges frauduleux, que les premières relations avaient été très-loyales avec les montagnards, mais que nos trafiquants, représentant sur place les maisons de commerce de la métropole, se sont hâtés d'enseigner à nos trop confiants Kabyles comment on pouvait s'entendre pour tromper le négociant de France, et comment on pouvait faire des bénéfices de compte à demi.

Donnons plus souvent de bons exemples dans la pratique et prodiguons moins les leçons de morale en théorie, les choses n'en iront que mieux.

Que l'entente commence donc une bonne fois, et nous verrons notre colonie se transformer comme par enchantement.

## II

**Quelques mots de colonisation et des publications relatives à cette question.**

L'Algérie, on ne saurait le nier, est à peu près inconnue en France ; tous les problèmes qui l'intéressent sont lettres closes pour la grande majorité du public qui cherche à se tenir au courant de toutes les questions d'actualité. Quand on veut s'expliquer cet état de choses assez extraordinaire dans un pays comme le nôtre, muni de tant de moyens d'observation et de publicité, et à propos d'une vaste contrée, située à peine à deux cents lieues de nos côtes méridionales, occupée, depuis plus de vingt-cinq ans, par des armées françaises de 50 à 60,000 hommes en moyenne, et une population européenne qui dépasse en ce moment 160,000 âmes ; on ne tarde pas à reconnaître que cette ignorance, si pernicieuse pour nos intérêts algériens, est précisément produite par ceux-là mêmes dont la mission semblerait devoir être d'éclairer l'opinion publique. Ce sont en effet les publications qui surgissent de temps en temps depuis une vingtaine d'années, au sujet de l'Algérie, qui ont entretenu chez le public un amas confus des idées les plus contradictoires et les plus absurdes.

On comprend facilement que les individus qui sont le plus à même de mettre en lumière les questions algériennes soient, par leur position et leurs occupations, éloignés de remplir cette mission au bénéfice général ; mais, si cette abstention est déjà chose fâcheuse par elle-même pour la production des éclaircissements de toute sorte dont notre génération est surtout avide, elle est bien autrement regrettable lorsqu'en place des travaux qui nous font défaut, nous avons à enregistrer les élucubrations de gens dont, il est vrai, le métier est d'écrire, mais qui, en traitant un sujet qu'ils connaissent peu et qui cependant touche à des intérêts considérables d'avenir pour le pays, portent préjudice à une cause que précisément ils proclament vouloir servir. En ajoutant ainsi chaque jour un contingent nouveau d'opinions erronées, à l'ensemble de celles qui existent déjà, ils ne font qu'alimenter la perturbation des notions actuelles, et retardent d'autant l'extension des aperçus clairs et vrais dont demande à être entouré le problème algérien.

L'apparition des documents dont je parle est, de plus, habituellement suivie d'une appréciation de la presse périodique, établie toujours au point de vue de l'esprit de parti. Nos publicistes, en cas semblable, consacrent généralement quelques mots à l'ensemble de l'ouvrage examiné, mais dans le but unique d'amener quelques phrases relatives, soit à la nécessité de favoriser le développement des libertés, soit au contraire à l'urgence de surveiller l'extension des idées révolutionnaires; et, quand on considère à propos de quoi et comment arrivent le plus souvent ces phrases à effet, on ne peut s'empêcher de déplorer cette sorte d'abus. Ou je me trompe grandement, ou ce n'est point là éclairer l'opinion publique. Avec cette perpétuelle préoccupation d'aboutir à une déclaration de principes, déjà mille fois répétée d'autre part, les études que l'on présente sont faites sans esprit de suite, sans netteté; après une série d'observations, quelquefois bien entamées, on tombe tout à coup dans l'ornière; on croit suivre un ordre logique d'idées, et on sort de la question; on se fourvoie dans un dédale d'arguments qui portent à faux, toujours à faux, et on finit par créer simplement une cause nouvelle de confusion dans un milieu déjà fort obscurci et embarrassé.

Une des erreurs les plus générales est d'attribuer à certaine institution ce qui n'est imputable qu'aux individus, et, au contraire, de mettre en jeu les individus toutes les fois que l'institution seule devrait être en cause; ou bien encore, à prendre l'accessoire pour le principal, et réciproquement. Puis, selon les temps, on adopte une idée quelconque que l'on met sans cesse en avant en l'appuyant des raisons les plus propres à la faire rejeter de ceux même qui seraient portés à l'accepter présentée comme il conviendrait.

Il y a surtout une classe d'individus qui contribuent grandement à égarer l'opinion publique en ce qui concerne l'Algérie; ce sont ceux qui, s'imaginant un beau jour qu'ils peuvent, sans crédit, sans antécédents, sans rien autre chose que beaucoup d'assurance, entreprendre de belles affaires dans la colonie, ramassent quelques noms de financiers, et viennent en Afrique se présenter aux autorités, qu'ils espèrent éblouir et entraîner facilement. Ils ont reçu, disent-ils, de la part des capitalistes les plus connus, des offres de nombreux millions, mais ils ne veulent les accepter que s'il leur est fait à eux-mêmes en Algérie des avantages considérables; ils peuvent tout entreprendre; ils demandent tout ce qui peut être donné : mines, forêts, concessions de terre, et finissent leurs discours par les grands mots : civilisation, progrès moral, progrès matériel, mission providentielle, etc., faisant naturellement opposition à barbarie, misère, avilissement, etc. Comme après tout les détenteurs de l'autorité ont bien quelques-unes des qualités nécessaires à leur rôle, ils ne tardent pas, après un certain nombre d'objections sérieuses, à voir à qui ils ont affaire, et à débouter nos demandeurs. Ceux-ci, mesurant dès lors leur animosité à leur déception, ne cessent de colporter partout les opinions les plus erronées sur cette pauvre Algérie.

Avec un peu de persistance, le public aurait bien vite fait justice des arguments produits de temps à autre par une partie de la presse, et des idées émises par ses organes. Ainsi pendant une certaine époque, à écouter les publicistes, il ne fallait point étendre notre occupation algérienne; il était inutile de guerroyer avec les tribus; on pouvait bien se contenter seulement d'une certaine zone, en dehors de laquelle on laisserait les indigènes faire ce qu'ils voudraient. L'expérience a démontré qu'il fallait absolument avoir tout ou rien en Algérie; mais, continuons. La conquête à peine achevée à peu près, et non suffisamment assurée, il fallait se hâter de concéder de vastes terrains, il fallait appeler le plus tôt possible nos administrations civiles, notre organisation de France; oh! disait-on, si l'on installait des préfectures, des tribunaux, des mairies, alors on verrait de tous les points de l'Europe se précipiter sur la rive africaine des flots de population; on aurait sur le marché algérien des masses de capitaux encombrants. Plus tard, lorsque le moment en fut venu, ces progrès se sont accomplis, mais les flots de population n'ont pas paru, les capitaux n'ont causé aucun encombrement. Toutefois ceux des écrivains qui avaient préconisé trop tôt cet état de choses, lequel, selon eux, devait amener des résultats si extraordinaires, loin de se tenir pour battus, en présence du peu d'importance des améliorations effectivement produites dans la colonie, se rejettent sur un autre ordre d'idées.

Une fois, par exemple, c'est la vente des terres faisant partie du domaine de l'État; si l'on vendait les terres, écrit-on, de toute part on verrait arriver, etc. On a mis des terres en vente; elles ont été adjugées à bas prix en présence de peu de concurrents, et même des indigènes, résultat non prévu, et qui contredit singulièrement les opinions courantes sur l'inintelligence des natifs, en matière d'exploitation du sol, sont restés adjudicataires; à ce propos, j'ajouterai qu'il a été demandé, dans certains journaux, que les indigènes ne fussent pas admis à surenchérir: étonnante leçon d'égalité et de liberté!

Il y a quelques années, on prônait beaucoup l'exemple des Anglais aux Indes. « Ah! si on avait su faire, écrivait-on, comme les Anglais dans l'Indoustan, avec leurs cipayes, leurs résidents, leur extrême habileté, etc., que de beaux résultats n'aurait-on pas obtenus? mais les Français ne savent pas coloniser. » On avait beau objecter à ces raisonnements spécieux, en Algérie même où ces questions sont mieux comprises, que l'établissement britannique dans l'Inde, était un magnifique édifice de carton élevé sur du sable; que le plus simple accident pouvait un beau jour remettre tout en question dans ce pays. On n'en voulait rien croire.

Mais jugez de l'énergie des convictions, depuis quelque temps on trouve dans les mêmes journaux, qui portaient si haut le système anglais, des phrases telles que celles-ci :

« Nul doute que si nos voisins avaient su se con-
» duire dans l'Inde comme nous en Algérie, s'ils s'é-
» taient un peu plus mêlés aux populations, s'ils avaient
» témoigné plus de sympathie à ces dernières, ils eus-
» sent par là évité, etc. »

Il y a un autre argument qui dure depuis très-longtemps et est encore en pleine vigueur; il consiste à répéter que chaque année des milliers d'émigrants se rendent en Amérique, terre de la liberté, et que ces mêmes émigrants iraient volontiers en Algérie, s'ils étaient sûrs d'y trouver les mêmes garanties de liberté civile et politique que dans le nouveau monde.

Je ne crois point à la complète solidité de cette argumentation. Ce qui attire si puissamment en Amérique les populations décidées à émigrer, c'est qu'elles doivent y trouver des espaces immenses disponibles pour le premier arrivant; elles savent qu'elles auront immédiatement de bonnes terres vacantes, des forêts, des rivières profondes à leur disposition, et qu'en se mettant résolûment à l'œuvre, elles pourront en quelques années se créer un établissement complet, s'assurer une existence meilleure que celle qu'elles abandonnent. C'est là surtout, selon nous, ce qui doit séduire des gens qui, pour songer à l'émigration, doivent avoir dans le caractère quelque chose d'un peu aventureux ; c'est bien plutôt cela, en tout cas, que l'assurance de pouvoir aller, venir, écrire, parler, voler, etc. Or, des espaces à livrer aux premier débarquants, l'Algérie n'en a pas, et elle n'en aurait pas, même si elle était gouvernée ou administrée par les écrivains au sujet desquels nous écrivons ces lignes. Il y a, sans nul doute, à céder à la colonisation des terrains beaucoup plus étendus que ceux dont elle dispose en ce moment, mais pas assez pour pouvoir en attribuer à volonté au gré des premiers venus.

Il ne faut pas omettre que notre Algérie est si proche

de la France, les relations avec elle sont si faciles, les correspondances si rapides, que tout ce qui arrive à nos colons est su immédiatement. Nous connaissons en détail leurs pertes, leurs misères ; nous pouvons à tout instant dresser leur situation ; mais en Amérique, qui sait au juste ce que deviennent les nombreux colons qui y débarquent de toute part ? On cite des exemples de réussite, mais on ne nous parle pas des insuccès; dans quelle proportion sont ceux-ci vis-à-vis de ceux-là, c'est ce qui n'a jamais été établi avec soin. Peut-être, un de ces jours, quelque chronique révélatrice viendra-t-elle modifier bien des croyances, peut-être quelque nouvelle madame Beecher Stowe dissipera-t-elle bon nombre d'illusions.

Il est de mode en ce moment, dans une certaine partie de la presse périodique, de réclamer la disparition de l'autorité militaire de l'Algérie, et cela, en mettant en avant des idées de liberté qui n'ont que faire ici. Cette façon de présenter les choses n'est bonne qu'à prolonger le débat, car d'autre part on répondra par des raisonnements également hors de propos ou même par des faits ; ainsi, il sera facile de faire voir que les établissements qui ont le mieux réussi en Algérie, se sont fondés sous la tutelle de l'autorité militaire, et la discussion peut s'éterniser.

Nous désirons peut-être moins que personne la perpétuation du pouvoir militaire dans notre colonie ; mais, si nous avions à demander son amoindrissement, nous dirions simplement que l'autorité civile par sa nature même est plus abordable, se laisse plus facilement discuter, et, par ses tenants et aboutissants, est plus réellement intéressée à la prospérité du pays, plus à même de s'éclairer en ce sens ; tandis que les chefs militaires s'enferment habituellement dans un cercle d'idées, à travers lequel il est difficile de faire brèche.

Il ne faut du reste pas attacher une grande importance à ces récriminations contre une administration ou une autre ; ce serait là amoindrir singulièrement la question. Eh quoi ! le succès de la colonisation algérienne, c'est-à-dire la création d'une nouvelle France presque aussi étendue que son aînée, et située tout proche d'elle, sur l'autre rive du lac méditerranéen, dépendrait d'une administration quelconque ; il suffirait d'un certain nombre d'employés de l'Etat pour faire échouer une entreprise nationale, à la fois glorieuse et utile. Ne le croyons pas ; soyons au contraire persuadés que le jour où l'autorité gouvernementale dira impérativement, je veux ; militaires et civils s'empresseront à l'envi d'acquiescer et ne montreront peut-être que trop de zèle.

Si donc, jusqu'à ce jour, le mouvement est lent, le progrès peu rapide, c'est que, pensons-nous, l'initiative supérieure ne s'est pas suffisamment fait sentir ; et cela probablement, parce que jusqu'à présent personne, pas plus parmi les écrivains de la presse journalière que chez les employés de l'État, n'a produit une idée propre à résoudre promptement la question algérienne.

On sait que cette grande affaire se réduit à ceci : attirer en Algérie des bras et des capitaux ; et si aucun des projets présentés jusqu'à ce jour n'a paru propre à produire ces résultats, l'entreprise des voies ferrées, en ce moment à l'étude, semble enfin appelée à faciliter la solution du problème. Elle amènera en tous cas des bras nouveaux en grand nombre, et nécessitera l'emploi de capitaux très-considérables, eu égard à la situation financière de l'Algérie.

Tout porte à croire que le mouvement ainsi imprimé à la colonisation par ces importants travaux prendra une rapide extension ; les personnes appelées forcément en Algérie pour la construction et l'exploitation des chemins de fer, se trouvant à même de juger sur place des nombreux besoins industriels du pays, rechercheront et réuniront des capitaux qu'elles sauront faire fructifier, et la confiance commencera à remplacer cette indifférence invincible qui accueille actuellement toute tentative d'entreprise en Algérie.

Les bras et les capitaux étant trouvés, il y aura de plus

à résoudre une question d'un intérêt tout à fait majeur pour compléter la solution du problème algérien ; c'est le partage des terres fait de façon que, pendant de longues années encore, l'émigration européenne ait des terrains à sa disposition au fur et à mesure de son augmentation, et que les entreprises industrielles ou agricoles qui s'organiseront dès le commencement des travaux de chemins de fer trouvent aussitôt le terrain qui leur sera nécessaire. Nous touchons au *cantonnement des Arabes*.

Cette importante opération, dont la presse périodique a dit quelques mots, consiste à prendre aux tribus indigènes une partie des terres dont elles jouissent aujourd'hui pour les mettre à la disposition de l'Etat, celui-ci devant ensuite attribuer ces terrains à la colonisation. C'est là ce qu'on appelle le cantonnement : il est décidé en principe; sur quelques points même il est commencé, mais dans des proportions très-restreintes.

Ce serait ici le cas de faire remarquer combien la partie de la presse militante, qui voit toujours dans les questions algériennes un thème d'attaques contre les diverses branches administratives du gouvernement, se montrerait réellement utile si elle contrôlait avec activité et surtout avec discernement, ces mêmes administrations dans l'exercice détaillé de leurs fonctions. La plupart des organes quotidiens de la publicité ont parlé du cantonnement, entre autres choses, il y a quelques mois, mais dans des termes qui sembleraient faire croire qu'il s'agit là d'une mesure aussi facile à accomplir que, pour leurs rédacteurs, un article de journal à composer ; et cependant, il ne faut pas se le dissimuler, voici en résumé quel est l'ensemble de cette vaste opération.

Il faut par elle, de proche en proche et sans désemparer, sur un territoire de deux cent quarante lieues de longueur et de trente à quarante de largeur, étudier, lever, décrire les parcelles de terrain, dans une contrée où quelques points seulement sont déterminés topographiquement, et où rien n'existe de ce qui pourrait ressembler à notre cadastre. Il est ensuite de première importance d'examiner avec le plus grand soin la position de chaque tribu et fraction de tribu, et lui attribuer d'une manière définitive une partie de son territoire, après avoir étudié tout ce qui a rapport aux besoins réels de la population indigène, à la qualité des terres, leur étendue, les moyens de communication, l'opportunité des mesures à prendre, la disposition dans un sens ou dans un autre des parcelles destinées aux Européens ou aux indigènes.

C'est là une besogne considérable ; en ce moment, elle est confiée aux bureaux arabes, qui, déjà accablés des travaux habituels nécessités par leur mission si complexe, ne voient dans l'opération du cantonnement qu'une œuvre accessoire pour eux. Aussi n'a-t-on pas connaissance que le partage des terres fasse quelque progrès, et c'est là une des entreprises que la presse devrait demander avec instance à voir poursuivre d'une manière efficace, et surtout ne devrait point perdre de vue qu'elle ne soit menée à bonne fin.

Dès à présent, l'on peut s'étonner à bon droit de ce qu'il n'y ait pas un ensemble de fonctionnaires, tirés momentanément des diverses administrations, ou créés tout exprès et chargés de la mission unique et spéciale d'opérer le cantonnement, qui, partant des environs de nos centres de population européenne, s'étendrait progressivement et devrait, dans une limite de temps fixé, avoir atteint les confins du Tell.

Et maintenant concluons. Des bras nombreux et des capitaux suffisants ayant été obtenus, le cantonnement régulier leur ayant livré de vastes étendues territoriales, soyons certains que par ce fait seul l'autorité militaire aura perdu à peu près toute son importance ; elle s'effacera forcément avant même qu'il soit besoin de restreindre ses prérogatives ; les institutions de la métropole s'implanteront d'elles-mêmes ; et le meilleur, le plus sûr moyen de hâter leur installation, c'est de faire aboutir d'abord les questions importantes dont nous avons entretenu le lecteur, sans se préoccuper aucunement du plus ou moins de pouvoir des autorités algériennes, ni des individus qui en sont revêtus.

FIN DE L'APPENDICE.

# TABLE

Avant-Propos . . . . . . . . . . . . . 1
Ce que c'est qu'un bureau arabe. . . . . . . . 3

### LIVRE I<sup>er</sup>. — MOEURS.

I. Affaires de justice. — Anecdotes diverses. . . 17
II. Les Marabouts. — Excursions dans les tribus. — Causeries arabes. . . . . . . . . . . . 43
III. Défauts des indigènes. — Inertie. — Fourberie. — Présomption religieuse. — Exactions des chefs. . . . . . . . . . . . . . . 60
IV. Qualités des indigènes. — Hospitalité. — Charité. — Déférence. — Intelligence. — Sentiment du juste. — Comédie. . . . . . . . . . . 74
V. De la femme dans les villes. — Au point de vue religieux. — Dans les tribus. — Son importance réelle. — Son avenir. — Amours. — Anecdotes. 91

### LIVRE II. — DU PROGRÈS CHEZ LES INDIGÈNES.

I. Procédés de l'autorité. — Habitation fixe. — Tente. — Embryon d'un centre de population. — Discussion. . . . . . . . . . . . . . . 119
II. Exemples divers. — Maison. — Cotisation. — Coton. — Forêts. — Vaccine. — Anecdotes à ce sujet. . . . . . . . . . . . . . . 134
III. Manque de direction dans le commandement. — Variabilité. — Aspect des colons. — Leurs prétentions. — Fonds enfouis disponibles. . . 148

TABLE.

## LIVRE III. — GUERRE.

I. Guerre Française. — Composition d'une colonne. — Expédition dans le Sud. — Marches forcées. — Sirocco. — Privations. — Anecdotes. — Marche dans le Tell. — Grandes pluies. — Maladies. — Anecdotes diverses. . . . . . . . 159

II. Guerre Arabe. — Commandement des goums. — Courage arabe. — Position critique. — Retour d'une grande razzia. — Petit coup de main sur les Chouchaoua. — Les Nahdi au combat. — Samou le vieux Mekhrazeni. . . . . . . . 187

## LIVRE IV. — POLITIQUE.

Nos antécédents politiques vis-à-vis des indigènes. — Effets de la loyauté. — Ma canne. — Retour de Mioud. — La fable du loup et de l'agneau, ou la razzia de pied ferme. . . . . . . . . . . . . 221

## CONCLUSION.

Des bureaux arabes actuels. — Abus possibles. — Nécessité chez les indigènes du pouvoir tel qu'il est constitué. — Améliorations à proposer. — Personnel des affaires arabes. . . . . . . . . . . . 241

## APPENDICE.

I. Une suite de malentendus. . . . . . . . 261
II. Quelques mots de colonisation et des publications relatives à cette question. . . . . . . . 272

FIN DE LA TABLE.

Poissy. — Typographie Arbieu.

# COLLECTION MICHEL LÉVY.

**Volumes parus et à paraître. — Format grand in-18, à 1 franc.**

### A. DE LAMARTINE.
| | vol. |
|---|---|
| Les Confidences | 1 |
| Nouv. Confidences | 1 |
| Touss. Louverture | 1 |

### THÉOPH. GAUTIER
| | |
|---|---|
| Beaux-arts en Europe | 2 |
| Constantinople | 1 |
| L'Art moderne | 1 |
| Les Grotesques | 1 |

### GEORGE SAND
| | |
|---|---|
| Hist. de ma Vie | 10 |
| Mauprat | 1 |
| Valentine | 1 |
| Indiana | 1 |
| Jeanne | 1 |
| La Mare au Diable | 1 |
| La petite Fadette | 1 |
| François le Champi | 1 |
| Teverino | 1 |
| Consuelo | 3 |
| Comt. de Rudolstadt | 2 |
| André | 1 |
| Horace | 1 |
| Jacques | 1 |
| Lettres d'un voyag. | 2 |
| Lélia | 2 |
| Lucrezia Floriani | 1 |
| Péché de M. Antoine | 2 |
| Le Piccinino | 2 |
| Meunier d'Angibault | 1 |
| Simon | 1 |
| La dern. Aldini | 1 |
| Secrétaire intime | 1 |

### GÉRARD DE NERVAL
| | |
|---|---|
| La Bohème galante | 1 |
| Le Marq. de... | 1 |
| Les Filles du... | 1 |

### EUGÈNE SCRIBE
| | |
|---|---|
| Théâtre (ouv. c. p.) | 20 |
| Comédies | 8 |
| Opéras | 2 |
| Opéras comiques | 4 |
| Comédies-Vaudv. | 10 |
| Nouvelles | 1 |
| Historiettes et Prov. | 1 |
| Piquillo Alliaga | 1 |

### HENRY MURGER
| | |
|---|---|
| Dern. Rendez-Vous | 1 |
| Le Pays Latin | 1 |
| Scènes de Campagne | 1 |
| Les Buveurs d'Eau | 1 |
| Les Amoureuses | 1 |
| Propos de ville et propos de théâtre | 1 |
| Vacances de Camille | 1 |
| Scènes de la Bohème | 1 |
| Sc. de la Vie de Jeun. | 1 |

### CUVILLIER-FLEURY
| | |
|---|---|
| Voyag. et Voyageurs | 1 |

### ALPHONSE KARR
| | |
|---|---|
| Les Femmes | 1 |
| Encore les Femmes | 1 |
| Agathe et Cécile | 1 |
| De hors de mon Jard. | 1 |
| Sous les Tilleuls | 1 |
| Sous les Orangers | 1 |
| Les Fleurs | 1 |
| Voy. aut. de mon jard. | 1 |
| Poignée de Vérités | 1 |
| Les Guêpes | 6 |
| Pénélope normande | 1 |
| Trois cents pages | 1 |
| Soirées de b. Adresse | 1 |
| Menus-Propos | 1 |

### Mme B. STOWE
Traduct. E. Forcade.
| | |
|---|---|
| Souvenirs heureux | 3 |

### CH. NODIER (Trad.)
| | |
|---|---|
| Vicaire de Wakefield | 1 |

### LOUIS REYBAUD
| | |
|---|---|
| Jérôme Paturot | 1 |
| Paturot-Républiq. | 1 |
| Dern. des Commis-Voyageurs | 1 |
| Le Coq du Clocher | 1 |
| L'Indust. en Europe | 1 |
| Ce qu'on voit dans une rue | 1 |
| La Comt. de Mauléon | 1 |
| La Vie à rebours | 1 |

### FRÉDÉRIC SOULIÉ
| | |
|---|---|
| Mémoires du Diable | 2 |
| Les Deux Cadavres | 1 |
| Confession Générale | 1 |
| Les Quatre Sœurs | 1 |

### Mme É. DE GIRARDIN
| | |
|---|---|
| Marguerite | 1 |
| Nouvelles | 1 |
| Vicomte de Launay | 4 |
| Marq. de Pontanges | 1 |
| Poésies complètes | 1 |
| Cont. d'une v. Fille | 1 |

### ÉMILE AUGIER
| | |
|---|---|
| Poésies complètes | 1 |

### F. PONSARD
| | |
|---|---|
| Études Antiques | 1 |

### PAUL MEURICE
| | |
|---|---|
| Scènes du Foyer | 1 |
| Les Tyrans de Village | 1 |

### CH. DE BERNARD
| | |
|---|---|
| Le Nœud gordien | 1 |
| Gerfaut | 1 |
| Un homme sérieux | 1 |
| Les Ailes d'Icare | 1 |
| Gentilhom. campagn. | 2 |
| Un Beau-Père | 1 |
| Le Paravent | 1 |

### HOFFMANN
Trad. Champfleury.
| | |
|---|---|
| Contes posthumes | 1 |

### ALEX. DUMAS FILS
| | |
|---|---|
| Avent. de 4 femmes | 1 |
| La Vie à vingt ans | 1 |
| Antonine | 1 |
| Dame aux Camélias | 1 |
| La Boîte d'Argent | 1 |

### LOUIS BOUILHET
| | |
|---|---|
| Melænis | 1 |

### JULES LECOMTE
| | |
|---|---|
| Poignard de Cristal | 1 |

### X. MARMIER
| | |
|---|---|
| Au bord de la Newa | 1 |
| Les Drames intimes | 1 |

### J. AUTRAN
| | |
|---|---|
| La Vie rurale | 1 |
| Milianah | 1 |

### FRANCIS WEY
| | |
|---|---|
| Les Anglais chez eux | 1 |

### PAUL DE MUSSET
| | |
|---|---|
| La Bavolette | 1 |
| Puylaurens | 1 |

### CÉL. DE CHABRILLAN
| | |
|---|---|
| Les Voleurs d'Or | 1 |

### EDMOND TEXIER
| | |
|---|---|
| Amour et finance | 1 |

### ACHIM D'ARNIM
Trad. T. Gautier fils.
| | |
|---|---|
| Contes bizarres | 1 |

### ARSÈNE HOUSSAYE
| | |
|---|---|
| Femmes comme elles sont | 1 |

### GÉNÉRAL DAUMAS
| | |
|---|---|
| Le grand Désert | 1 |
| Chevaux du Sahara | 1 |

### H. BLAZE DE BURY
| | |
|---|---|
| Musiciens contemp. | 1 |

### OCTAVE DIDIER
| | |
|---|---|
| Madame Georges | 1 |

### FÉLIX MORNAND
| | |
|---|---|
| La vie Arabe | 1 |

### ADOLPHE ADAM
| | |
|---|---|
| Souv. d'un Musicien | 1 |
| Dern. Souvenirs d'un Musicien | 1 |

### J. DE LA MADELÈNE
| | |
|---|---|
| Les Âmes en peine | 1 |

### MARC FOURNIER
| | |
|---|---|
| Le Monde et la Coméd. | 1 |

### ÉMILE SOUVESTRE
| | |
|---|---|
| Philos. sous les toits | 1 |
| Conf. du Ouvrier | 1 |
| Au coin du Feu | 1 |
| Scèn. de la Vie intim. | 1 |
| Chroniq. de la Mer | 1 |
| Dans la Prairie | 1 |
| Les Clairières | 1 |
| Sc. de la Chouannerie | 1 |
| Les derniers Paysans | 1 |
| Souv. d'un Vieillard | 1 |
| Sur la Pelouse | 1 |
| Soirées de Meudon | 1 |
| Sc. et réc. des Alpes | 1 |
| Les Anges du Foyer | 1 |
| L'Échelle de Femm. | 1 |
| La Goutte d'eau | 1 |
| Sous les Filets | 1 |
| Le Foyer Breton | 2 |
| Contes et Nouvelles | 1 |

### LÉON GOZLAN
| | |
|---|---|
| Châteaux de France | 2 |
| Notaire de Chantilly | 1 |
| Polydore Marasquin | 1 |
| Nuits du P.-Lachaise | 1 |
| Le Dragon rouge | 1 |
| Le Médecin du Pecq | 1 |
| Hist. de 130 femmes | 1 |
| La famille Lambert | 1 |

### THÉOPH. LAVALLÉE
| | |
|---|---|
| Histoire de Paris | 2 |

### EDGAR POE
Trad. Ch. A. Baudelaire.
| | |
|---|---|
| Histoires extraordin. | 1 |
| Nouv. Hist. extraord. | 1 |
| Aventures d'Arthur Gordon Pym | 1 |

### CHARLES DICKENS
Traduction A. Pichot.
| | |
|---|---|
| Neveu de ma Tante | 2 |
| Contes et Nouvelles | 1 |

### A. VACQUERIE
| | |
|---|---|
| Profils et Grimaces | 1 |

### A. DE PONTMARTIN
| | |
|---|---|
| Contes et Nouvelles | 1 |
| Mém. d'un Notaire | 1 |
| La fin du Procès | 1 |
| Contes d'un Planteur de choux | 1 |
| Pourquoi je reste à la Campagne | 1 |

### HENRI CONSCIENCE
Trad. Léon Wocquier.
| | |
|---|---|
| Scèn. de la Vie flam. | 2 |
| Le Fléau du Village | 1 |
| Les Heures du soir | 1 |
| Les Veillées flamand. | 1 |
| Le Démon de l'Argent | 1 |
| La Mère Job | 1 |
| L'Orpheline | 1 |
| Guerre des Paysans | 1 |

### DE STENDHAL
(H. Beyle.)
| | |
|---|---|
| De l'Amour | 1 |
| Le Rouge et le Noir | 1 |
| La Chartr. de Parme | 1 |

### MAX. RADIGUET
| | |
|---|---|
| Souv. de l'Amér. esp. | 1 |

### PAUL FÉVAL
| | |
|---|---|
| Le Tueur de Tigres | 1 |
| Les dernières Fées | 1 |

### MÉRY
| | |
|---|---|
| Les Nuits anglaises | 1 |
| Une Hist. de Famille | 1 |
| André Chénier | 1 |
| Salons et Souv. de Paris | 1 |
| Les Nuits italiennes | 1 |

### ÉDOUARD PLOUVIER
| | |
|---|---|
| Les Dern. Amours | 1 |

### GUST. FLAUBERT
| | |
|---|---|
| Madame Bovary | 1 |

### CHAMPFLEURY
| | |
|---|---|
| Les Excentriques | 1 |
| Avent. de Mlle Mariette | 1 |
| Le Réalisme | 1 |
| Prem. Beaux Jours | 1 |
| Les Souffrances du profess. Delteil | 1 |
| Les Bourgeois de Molinchart | 1 |
| Chien-Caillou | 1 |

### XAVIER AUBRYET
| | |
|---|---|
| La Femme de 25 ans | 1 |

### VICTOR DE LAPRADE
| | |
|---|---|
| Psyché | 1 |

### H. B. RÉVOIL (Trad.)
| | |
|---|---|
| Harems du N.-Monde | 1 |

### ROGER DE BEAUVOIR
| | |
|---|---|
| Chev. de St-Georges | 1 |
| Avent. et Courtisanes | 1 |
| Histoires cavalières | 1 |

### GUSTAVE D'ALAUX
| | |
|---|---|
| Soulouq. et son Emp. | 1 |

### F. VICTOR HUGO
(Traducteur.)
| | |
|---|---|
| Son. de Shakspeare | 1 |

### AMÉDÉE PICHOT
| | |
|---|---|
| Les Poètes amoureux | 1 |

### ÉMILE CARREY
| | |
|---|---|
| Huit jours sous l'Équateur | 1 |
| Métis de la Savane | 1 |
| Les Révoltés du P. | 1 |

### CHARLES BARBA
| | |
|---|---|
| Histor. émouvantes | 1 |

### E. FROMENTIN
| | |
|---|---|
| Un Été dans le Sahara | 1 |

### XAVIER EYMA
| | |
|---|---|
| Les Peaux-Noires | 1 |

### LA COMTESSE DAS
| | |
|---|---|
| Les Bals masqués | 1 |
| Le Jeu de la Reine | 1 |
| L'Écran | 1 |

### MAX BUCHON
| | |
|---|---|
| En Province | 1 |

### HILDEBRAND
Trad. Léon Wocquier.
| | |
|---|---|
| Scè. de la Vie holland. | 1 |

### AMÉDÉE ACHARD
| | |
|---|---|
| Parisiennes et Provinciales | 1 |
| Brunes et Blondes | 1 |
| Les dern. Marquises | 1 |
| Les Femmes honnêtes | 1 |

### A. DE BERNARD
| | |
|---|---|
| Le Portrait de la Marquise | 1 |

### CH. DE LA ROUNAT
| | |
|---|---|
| Comédie de l'Amour | 1 |

### MAX VALREY
| | |
|---|---|
| Marthe de Montbrun | 1 |

### A. DE MUSSET
### GEORGE SAND
### DE BALZAC, etc.
| | |
|---|---|
| Le Tiroir du Diable | 1 |
| Paris et les Parisiens | 1 |
| Parisiennes à Paris | 1 |

### ALBÉRIC SECOND
| | |
|---|---|
| À quoi tient l'Amour | 1 |

### Mme BERTON
(Yve Samson.)
| | |
|---|---|
| Le Bonheur impossib. | 1 |

### NADAR
| | |
|---|---|
| Quand j'ét. Étudiant | 1 |
| Miroir aux Alouettes | 1 |

### ÉMILE CARLEN
Trad. E. Souvestre.
| | |
|---|---|
| Deux Jeunes Femmes | 1 |

### LOUIS ULBACH
| | |
|---|---|
| Les Secrets du Diable | 1 |

### F. HUGONNET
| | |
|---|---|
| Souvenirs d'un Chef de Bureau Arabe | 1 |

### JULES SANDEAU
| | |
|---|---|
| Sacs et Parchemins | 1 |

### LOUIS DE CARNÉ
| | |
|---|---|
| Drame s. la Terreur | 1 |

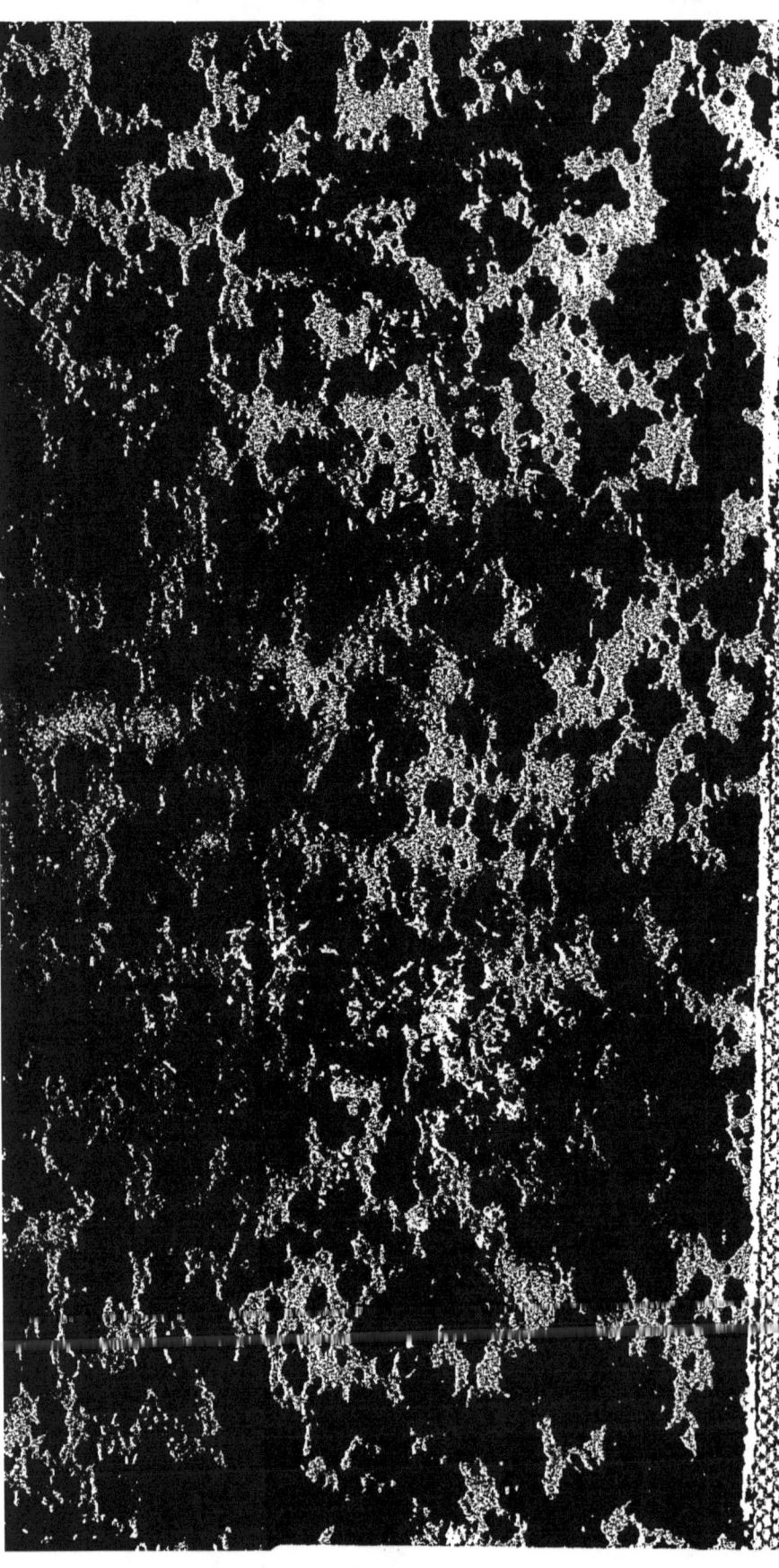

www.ingramcontent.com/pod-product-compliance
Lightning Source LLC
Chambersburg PA
CBHW071130160426
**43196CB00011B/1848**